MICHAEL BAUER,
THOMAS STAROST

HERZSTÜCKE IN FRANKEN

BESONDERES ABSEITS DER BEKANNTEN WEGE **ENTDECKEN**

BRUCKMANN

LIEBE LESERIN, LIEBER LESER,

Das Panorama vom Staffelstein, besser bekannt als »Gottesgarten«, prägt die Schönheit Frankens: der Main, weitläufige Weinberge, trutzige Klöster und verwunschene Dörfer. Er steht beispielhaft für alle Regionen Unter-, Ober-, Mittelfrankens, die von den Autoren erkundet wurden, immer auf der Suche nach Geheimtipps. Sich dem fränkischen Menschenschlag zu nähern, ist kein leichtes Unterfangen. Höchster Ausdruck allen Genusses wird im Fränkischen auf zwei Worte komprimiert: »Bassd scho'!« – Sollte den geneigten Leser nun die Frage umtreiben, wie die Verfasser selbst dieses Büchlein beurteilen, dann würden diese antworten: »Bassd scho'!«. In diesem Sinne:

Viel Vergnügen im Frankenland!

Michael Bauer und *Thomas Starost*

IMMER EINE SÜNDE WERT!

MEINE LIEBLINGSADRESSEN ZUM ESSEN, TRINKEN, EINKAUFEN UND ÜBERNACHTEN

1	Auf einen Schoppen mit Bacchus	S. 6
2	Fisch und Kuchen auf altem Kutter	S. 8
3	Ganz schön hip in Würzburg	S. 10
4	Eine Nacht im Wachhäuschen	S. 12
5	Schöppeln in Volkach	S. 14
6	Zwetschgenbamers beim »Kramer«	S. 14
7	Rille um Rille pures Vinyl-Vergnügen	S. 16
8	Kuchen in Karlstadts Denkmal	S. 18
9	Kuscheln in den Bäumen von Gräfendorf	S. 20
10	Zum »Bräu« am Staffelberg	S. 22
11	Ein kleines Paradies im Krummbachtal	S. 24
12	Kunst und Tango auf der Liebesinsel	S. 26
13	Eine Reise in die Zeit der Nierentische	S. 28
14	Der Club der bärtigen Männer	S. 30
15	Das zweite Leben einer Krawatte	S. 32
16	Ein Lebkuchen darf auch mal scharf sein	S. 34
17	Den Alltag in Stübig versüßen	S. 34
18	Ein goldenes Schokoparadies	S. 36
19	O'zapft is in der »Hagleite«	S. 38
20	Kickern wie vor sechzig Jahren	S. 40
21	Custom Bike – Fahrrad war gestern	S. 42
22	Schlafen hinter Fachwerk	S. 44
23	Der Buh kochte mehr, als er studierte	S. 46
24	Schlemmen, wo die Querkel hausten	S. 48
25	Sambazeit in Coburg	S. 48
26	Kunst und Kloßteig in Kloster Banz	S. 50
27	Schlafen wie ein Hobbit in Höchstadt	S. 52
28	Spargel zum Burger in Marktbergel	S. 54
29	Bierparadies in Lokalgröße	S. 56

01 AUF EINEN SCHOPPEN MIT BACCHUS

Ob nun das Glas einen Henkel hat, es auf kräftig-grünem Fuß oder elegant-beschwingt auf einem dünnen steht – Hauptsache, darin ist Frankenwein. Ein Schoppen natürlich, darauf legen die Franken wert. Und auch wenn es an Weinstuben nicht mangelt, sie stoßen am liebsten im Freien an: Von Mai bis Oktober ist Weinfestzeit.

Da gibt's große wie kleine. In Höfen oder auf Festplätzen. Romantik oder Party. Was das Herz auch begehrt, Gott Bacchus lädt alle ein, die einen frischen Silvaner oder einen vollmundigen Spätburgunder schätzen. Natürlich auch den Gast vom Niederrhein oder von der Küste. Den internationalen sowieso. Auf eng gestellten Biergartengarnituren rücken alle zusammen. Hinten spielt eine Kapelle, drüben am Verpflegungsstand gibt's Käse, Bratwurst, ein Winzersteak oder auch eine Laugenbrezel. In den Bäumen und an den Wänden leuchten nach Sonnenuntergang bunte Lampen. Die Wein-Gemütlichkeit ist noch ein wenig gemütlicher als die Bier-Gemütlichkeit.

> Dem Schloss gegenüber steht die Dreifaltigkeitskirche aus dem 18. Jahrhundert. Die Besonderheit: Das Altarblatt zeigt Vertreter der Herrscherfamilie Schönborn.

Doch abseits der touristisch relevanten Feste fühlen sich die Einheimischen auf ihren Hofschoppenfesten wohl. Wie in Gaibach, im Hof des um 1600 von einer mittelalterlichen Burganlage zum Renaissanceschloss umgestalteten Bauwerks, das heute ein Landschulheim beherbergt. Anfang August schlendern jedes Jahr die Weinfreunde durch das mächtige Eingangstor in den Hof mit seinen beiden jahrhundertealten Platanen in der Mitte. Um sie herum sind Bänke und Tische gestellt. Ein paar Buden, ein Podest für die Musik – mehr braucht's nicht. Ein traditionelles und traditionsbewusstes unterfränkisches Weinfest eben, das sich im Schatten des berühmten Volkacher Weinfestes – nur drei Kilometer weiter – sehr wohl fühlt. Und ob hier oder anderswo: Ausgeschenkt werden bevorzugt Weine örtlicher Winzer.

Hofschoppenfeste · Mai–Okt. · www.fraenkischer-weinfestkalender.de
Gaibacher Schloss-Weinfest · 1. Augustwochenende
Schönbornstr. 2 · 97332 Volkach-Gaibach · www.weinfest-gaibach.de

FISCH UND KUCHEN
AUF ALTEM KUTTER

02

Leinen los, auf zur wilden Kaperfahrt. Na, na, na. Nicht ganz so stürmisch. Immerhin ist der Kutter am Würzburger Mainkai nicht mehr ganz taufrisch. Und unterwegs war er auch schon lange nicht mehr. Dafür gibt's an Bord ein reges Kommen und Gehen. Und alle wollen sie eines: frischen Fisch.

Der »Main Kutter Würzburg« (ehemals »Fischbar zum Krebs«) ist inzwischen eine kulinarische Institution der Stadt. Mit interessanten Wechseln am Steuerrad. Anfangs waren es neun junge Herren, die sich vor ein paar Jahren in den alten Kahn verliebt hatten – und sich dachten: Bratwurst hat die Stadt genug. Neben Klassikern wie Fish & Chips, Backfisch oder Fischbrötchen bekommen Sie hier saisonal wechselnde Spezialitäten. Auch aus dem Main, fangfrisch. Nur nicht mehr von den Jungs, sondern von Kapitänin Tülin Arslan. Sie ist die Mutter eines der Vorbesitzer, die 2016 als Freizeit-Kapitäne ins Schwitzen geraten waren: Der Schiffseigner wollte lieber verkaufen als vermieten. Also haben sie gemeinsam das Kapital aufgetrieben, über eine Art Crowdfunding. Doch ihnen ging das Geld aus und Sohnemann Arslan rief die Mama, eine BWL-Dozentin, in den USA an. Die konnte nicht Nein sagen. Ende April 2019 öffnete der Bootssteg wieder – mit neuen Möbeln und penibel sauber. Das Ende des alternativen Flairs gefiel zunächst nicht jedem, sorgt inzwischen aber bei einem deutlich breiter aufgestellten Publikum für zufriedene Gesichter.

»Mit dem Kutter wird man niemals reich«, sagt Arslan, die Kutter-Wirtin mit Herz. Ein finanzieller Balanceakt wegen der hohen Fixkosten, allen voran für die Anlegestelle. Zudem ist das Boot über 90 Jahre alt. Deswegen gehe immer mal etwas kaputt. »Auf dem Kutter soll es sich wie im Urlaub zu Hause anfühlen.« Wie bei Mama? Fast. Auch die Karte trägt ihre Handschrift: Es gibt schon mal hausgemachten Apfel- oder Rhabarber-Kuchen. Oder einen Bulgur-Salat mit Fisch. Und das alles mit Blick auf die Feste Marienberg.

Main Kutter Würzburg · April–Okt. Montag bis Donnerstag 16–22 Uhr (bei schlechterem Wetter bis 20 Uhr), Freitag bis Sonntag ab 12 Uhr · Mainkai (zwischen Alter Mainbrücke und Altem Kran) 97070 Würzburg · Tel. 01520/3939388 · Haltestelle: Ulmer Hof, Buslinie 9, S-Bahn-Linien 2 und 4

03 GANZ SCHÖN HIP IN WÜRZBURG

In den Bäumen hängen sie, die gläsernen Kronleuchter, darunter schlürfen junge Leute Cocktails und lümmeln in Lounge-Mobiliar. Chillig. Und anders. So wie früher im »Schönen René«, der Kultkneipe mit genau diesen Leuchtern. Die hängen nun hier, im hippen Biergarten des Talavera-Schlösschens.

»Um die Bratwurst kommen wir nicht herum«, sagt Patrick Hansel, der als Chef ansonsten alles andere als typische Biergartenkost serviert im »Dornheim«. So heißt der 1719 von Friedrich Josef Dietrich Faust von Stromberg als Sommersitz seiner rheinländischen Adelsfamilie errichtete Prachtbau seit 2016. Im 19. Jahrhundert erstmals Restaurant, hat das Schlösschen eine wechselhafte Gastronomiegeschichte hinter sich. Auch wenn vom prächtigen Park nur fünf mächtige Stieleichen geblieben sind – kein Wunder, dass sich Hansel schon in das Anwesen verliebte, als sein »René« noch existierte. Und obwohl Franke, hat er eine große Affinität zum Rheinländischen und nennt das Schloss-Areal auch gerne Würzburger 14. Veedel – Kölsch für Viertel.

Drinnen herrscht Clubatmosphäre zwischen Wohnzimmergemütlichkeit und Chaos. Donnerstag bis Samstag »wird Gas gegeben«, so Hansel. Das heißt: Disco – irgendwo zwischen Rock 'n' Roll und Techno. Keine bestimmte Klientel eben. Das ist auch das Konzept für draußen: eine Alternative zu Biergärten, aber kein alternativer Biergarten. Auch wenn's sehr leger zugeht, willkommen ist Jung wie Alt, ausgeflippt wie hochgeschlossen. Darum gibt's auch den klassisch bestuhlten Bereich und die ebenso klassische Waldschänken-Theke, neben Cocktailbar und Kronleuchter-Lounge.

Die Küche ist kunterbunt: Außer Bratwurst liegen Wagyu-Rind oder vegetarische Reis-Kokos-Pads auf dem Grill. Im Winter lädt Hansel spontan zum Barbecue im Schnee, einen Weihnachtsmarkt mit raffinierten Glühweinen gibt's ohnehin. Und Veranstaltungen, ob Livemusik (Jazz, Funk, Soul), Ausstellungen oder Aktionskunst. Einmal die Woche wird es seriös: Am Piano-Dienstag setzen sich Musiker ans Klavier im Garten.

Waldschänke Dornheim · kein Ruhetag, Öffnungszeiten s. Homepage · Talaveraplatz 97082 Würzburg · Tel. 0931/46 77 99 33 · www.waldschaenke-dornheim.de · S2, S4 Talavera

EINE NACHT IM WACH-HÄUSCHEN

04

Die Geschichte schläft mit. Ein Stück Stadthistorie schleicht durch die 25 Quadratmeter, in denen Würzburgs kleinster Übernachtungsbetrieb untergebracht ist. Das Haus diente einmal als Eingang zu einem Gebäudekomplex, der Krankenhaus der Nationalsozialisten wie später der US-amerikanischen Besatzungsmacht war.

Mit Militär hat Dajana Sbroja nichts am Hut. Vielmehr plagte sie immer wieder eine Frage: Wohin mit der Mama, wenn sie zu Besuch in der Stadt ist? In der eigenen Wohnung ist es zu eng, und unten in der Stadt ist es für sie nicht schön. Droben auf dem Berg, im Mönchbergpark, ist einfach der beste Blick auf Kirchtürme und die Festung gegenüber. Und oft, wenn die Krankenschwester und ihr Mann das kleine Häuschen am Eingang ihrer Wohnanlage passierten, dachten sie: Das wäre ideal für Besuch.

Dieses Häuschen diente einst der Wache: Der 300 Meter lange Gebäudekomplex aus dem Jahr 1937 wurde bis zu seiner Sanierung 2009 als Militärhospital genutzt, zunächst von der deutschen Wehrmacht, dann von den US-Amerikanern. Heute liegen hinter der denkmalgeschützten Fassade schicke Eigentumswohnungen. Eine gehört den Sbrojas. Und so fuhren sie eben täglich am Torhäuschen vorbei. »Jedes Mal haben wir uns ausgemalt, wie wir das einrichten könnten für Gäste«, erinnert sich Dajana Sbroja. »Und irgendwann ist das italienische Bistro ausgezogen, und wir konnten zuschlagen.«

Plötzlich waren die beiden Hobby-Hoteliers. Die auf Mund-Propaganda setzen: »Wir wollen, dass es gemütlich und entspannt zugeht«, erklären sie. Darum ist ihre kleine Ferienwohnung auch nicht in den großen Internetportalen zu finden. Großen Anteil an der Gemütlichkeit im Inneren hat übrigens die Mama, die bei der Einrichtung ein kreatives Händchen bewies: Doppelbett, zwei Sessel, Kommode, voll ausgestattete Küche, stilvolles Bad – erstaunlich, was da an Wohnlichkeit auf 25 Quadratmetern passt. Und wo, bitte, steht das eigene Auto noch näher? Exakt 14,5 Zentimeter trennen das Häuschen vom reservierten Parkplatz.

Main Torhaus · Mariannhillstr. 2d · 97074 Würzburg · Tel. 01520/736 29 63
www.main-torhaus.de · Bus 14 Letzter Hieb

05 SCHÖPPELN IN VOLKACH

Die heilige Jungfrau schaut zu und hat nichts einzuwenden. Da müssen die Schoppenschlürfer zu ihren Füßen brave Menschen sein. Kaum wird's warm, beginnt das Schauspiel am Volkacher Marktbrunnen mit der »Maria Immaculata«-Statue: Dann holen sich die Weinliebhaber aus den umliegenden Lokalen ein Gläschen und ziehen zu den Stufen um den schmucken Bau aus dem 15. Jahrhundert. Den Schoppen in der Hand, wird geredet, gescherzt und vielleicht sogar das ein oder andere zarte Band geknüpft. Es gibt auch Bier und Wasser, trotzdem heißt das bunte Treiben »Brunnenschoppen«. Und es ist nicht so überlaufen wie der Würzburger »Brückenschoppen«.

Brunnenschoppen · Mai–Okt. bis 23 Uhr · Marktplatz · 97332 Volkach
Busbahnhof, von dort durchs Obere Tor ca. 5 Min. zum Marktplatz

06 ZWETSCHGENBAMERS BEIM »KRAMER«

Rindviecher, wohin das Auge blickt. Vierbeinige, versteht sich. Schottische Hochlandrinder mit gewaltigen Hörnern, die der Kramerwirt züchtet, weiden auf den saftigen Wiesen bei Ketschendorf. Wenn Sie auf der Suche nach einem deftigen, fränkischen Sauerbraten, Bratwürsten, einem knusprigen Schäuferla sind, können Sie sich aber den Weg ins Gasthaus Kramer sparen. Auch am Sonntag stehen in dem kleinen Familienbetrieb »nur« Brotzeiten auf der Speisekarte – aber was für welche, die haben es wirklich in sich. Und was Franken von nah und fern anzieht, ist der hauseigene Zwetschgenbamers von den Hochlandrindern: ein über Buchenholz sanft geräucherter Schinken, der eine Zeit abhängen darf und dann hauchdünn aufgeschnitten serviert wird. Mit knusprigem Holzofenbrot, etwas Butter – sensationell!

Gasthaus Kramer · Di, Mi, Do, Fr ab 16, Mi, Sa, So ab 10 Uhr · Ketschendorf 19 · 96155 Buttenheim
Tel. 09545/74 32 · www.gasthaus-kramer.de · Bus 980 Ketschendorf

Gasthaus G. Kramer

07 RILLE UM RILLE PURES VINYL-VERGNÜGEN

Gehört dieses Knistern zum Song? War dieses Lied jetzt auf Seite A oder B? Nass oder trocken abspielen? 45 oder 33? Hand hoch: Wer hat sich diese Fragen je gestellt? Wenn Sie jetzt den Finger heben, haben Sie noch Schallplatten gehört und wissen, was ein Tonarm ist. Dann ist das Monophon in Würzburg für Sie der Himmel auf Erden.

Denn bei Michael Pfreundschuh im Stadtteil Grombühl gibt's die schwarzen (und ganz selten auch bunten) Vinylscheiben noch tausendfach. Reichlich Neuware, aber noch weitaus mehr gebrauchte Schallplatten stapeln sich in dem kleinen Laden am Wagnerplatz. In Kisten und Regalen lauern Alltagsalben neben Raritäten. Wer hier etwas Bestimmtes sucht, muss Zeit mitbringen – oder den Chef fragen, der gerne mit den Kunden fachsimpelt. Und dabei eine Scheibe auflegt. Auf seinem blau-weißen High-End-Plattenspieler.

Pfreundschuh wollte irgendetwas mit Platten machen. Letztlich wurde es ein Geschäft, in dem es auch CDs, Bücher und Filme gibt. Seine Leidenschaft gehört aber dem schwarzen Vinyl. »Die Haptik, die Optik, das Design und die Art der Cover, ob zum Ausklappen oder Aufstellen, Besonderheiten wie Textilhüllen«, schwärmt der Ochsenfurter, der selbst aber auch CDs hört. Nur bei Picture-Discs verzieht er das Gesicht: »Zum Sammeln ja, aber sie klingen fürchterlich.« Er ist nicht auf Sammlerstücke versessen. Eine Platte der Kraut-Rocker »Sperrmüll« hat er mal für 150 Euro verkauft, der Handel mit Spekulationsobjekten ist ihm aber zuwider: »Ich habe Massenware und ein paar gute Stücke.«

Die 30 000 Platten stammen aus Ankäufen oder Haushaltsauflösungen, einige auch aus der eigenen Sammlung, die sich stets bei 2500 bis 4000 Exemplaren einpendelt. Musikalisch ist das Spektrum weit, es gibt viel Ausgefallenes aus den Bereichen Avantgarde und Psychedelic. Vergeblich sucht man nach Schlager und Operette. Und sind ein Plattenspieler, ein Verstärker oder eine Lautsprecherbox mal kaputt, dann verhilft Michael Pfreundschuh den guten Stücken zu einem zweiten Frühling: Er repariert und justiert auch.

Monophon · Di–Fr 12–19, Sa 11–16 Uhr · Wagnerplatz 6a · 97080 Würzburg
Tel. 0931/57 16 39 · S1, S5 Wagnerplatz

KUCHEN IN KARL-STADTS DENKMAL

08

Das »Café Denkmal« ist selbst ein Streifzug durch sieben Jahrhunderte Baugeschichte: Der älteste Balken ist von 1309, das meiste aber stammt aus dem 18. Jahrhundert. Immer wieder wurde an dem Fachwerkhaus gebaut, zuletzt durch Familie Wiener – weil Architektengattin Barbara nirgendwo sonst ihr Café eröffnen wollte.

Seit 2015 hat sie es und ist glücklich. Schon wenn sie die paar Meter hinüber zu ihrer Arbeitsstätte schlendert, geht ihr das Herz auf: Vor der weißgelben Fassade stehen ein paar wuchtige Holzbänke, links fällt der Blick durch das Stadttor auf Main und Karlsburg – kann man seine Brötchen idyllischer verdienen? Oder servieren? Denn drinnen in der Stube gibt's Selbstgebackenes, leckere Kuchen und Torten, bevorzugte Zutat: Dinkelmehl. »Aus Überzeugung«, sagt die Wirtin. Wenn's draußen kälter wird, werden die Kuchen-Kreationen ausgefallener: Dann wird eine Mohn-Marzipan-Torte serviert oder die »Karlstadter Luft« aus Sahnebaiser und Beeren.

Denkmal oder »Denk mal!«? Darüber sind sich Barbara Wiener und ihre Tochter Aylin nicht ganz einig – und schmunzeln vielsagend. Viel zu sagen ist ohnehin Programm im äußerst kommunikativen Café. Da wird munter über die Tische hinweg geratscht. Einmal im Monat organisiert die Tochter einen Singer-Songwriter-Abend, die Musiker spielen für ein paar Münzen oder auch Scheine im herumgereichten Hut. Da bleiben die Kuchen in der Küche, und es wird lieber geschöppelt: Frankenweine, alle bio. Nicht weniger unterhaltsam: die Märchenabende – für Erwachsene. Und wenn Carola Graf liest, gibt's dazu orientalisches Essen. Ansonsten ist die Speisekarte klein, die nur zwei mal zwei Meter messende Küche gibt nicht mehr her, doch die Brotaufstriche, Quiches oder Couscous-Salate sind ein Gedicht.

Exotisch mögen's die Wirtsleute auch an den Wänden des Treppenhauses, das hinaufführt zu den zwei Ferienwohnungen: Da finden sich Kunstwerke von Mutsuo Hirano und Thomas Lange – sehr modern und im bewussten Stilbruch zum alten Gemäuer.

Café Denkmal · Do–So 10–18 Uhr · Ferienwohnungen ganzjährig
Maingasse 6 · 97753 Karlstadt · Tel. 09353/98581 50 · www.denk-mal-karlstadt.de

09 KUSCHELN IN DEN BÄUMEN VON GRÄFENDORF

Beim Joggen können einem schon seltsame Ideen kommen – dass man in Bäumen auch schlafen kann, zum Beispiel. Und weil Stephan Schulze kein Träumer ist, hingen drei Jahre Behördenmarathon später sechs Baumhäuser im Wäldchen hinter Gräfendorf. Dabei wollte er doch eigentlich nur die Mühle dort ausbauen.

Nun haben Urlaubsgäste auch was von der Seemühle und den 15 Hektar Land, vom Bilderbuchidyll aus Wald, Wiesen, Bach und See. Schulze ist so etwas wie ein Aussteiger, war mal Ingenieur. Da durften seine Baumhäuser keine Bretterbuden sein, und so ließ er sechs frei tragende Konstruktionen bis zu zwölf Meter über dem Boden fertigen. 35 Quadratmeter hat eine Hütte, zudem eine Terrasse, auf die eine Wendeltreppe führt. Mobiliar und Accessoires sind hochwertig, Flatscreen, Bad und Toilette gehören zum Standard. Die Fußböden sind aus Eichenbohlen, der Korpus ist aus heimischer Lärche.

Natürlich gibt's Strom, die Energie generiert Schulze per Wasserkraft. Muskelkraft braucht aber, wer sich ein Frühstücks- oder Brotzeitkörbchen ans Baumhaus hängen lässt – um es dann am Seil nach oben zu ziehen. Das deutlich üppigere Frühstück – Wurst, Fisch, Käse, Brote, Kuchen, Marmeladen, hausgemachte Dips, mediterrane Antipasti – gibt es in der Mühle, dem zentralen Anlaufpunkt für alle Unterkünfte, die bei ausreichend Abstand zueinander maximale Privatsphäre garantieren. »Da passen vier Leute rein, aber am romantischsten ist es zu zweit, für ein Liebespaar«, sagt Schulze.

Klar, da muss am Abend ein Lagerfeuer knistern, Zubehör gibt's an der Rezeption. Wie auch Getränke im Biergärtchen, exklusiv für Hausgäste. Zu denen zählen auch die Mieter der Ferienwohnungen – oder des lauschigen Schäferwagens, dessen Veranda einen unendlichen Blick in die Auen bietet. Ebenfalls in einem umgebauten Schäferwagen ist die Sauna untergebracht, direkt davor lockt der Schwimmteich zum Hineinspringen. Und wenn Ihnen nach Bewegung ist: Die Wanderung zum Tretstein-Wasserfall ist ein echter Geheimtipp.

Baumhaushotel Seemühle · Seemühle 1 · 97782 Gräfendorf · Tel. 09357/909 80 20
www.das-baumhaushotel.de · ab Bahnhof Gräfendorf 20 Min. Fußweg

ZUM »BRÄU« AM STAFFELBERG

10

Oberfranken gilt nicht umsonst als Region der Bierbrauereien. Weltweit ist hier die größte Brauereidichte zu finden. Direkt unterhalb des Staffelberges findet sich ein kleiner »Bräu«, der als Familienbetrieb mit einer einzigartigen Zutat seit Jahrhunderten Brauereigeschichte schreibt.

Nur wenige Meter am Ortsrand des kleinen Fleckens Loffeld, in der Nähe von Lichtenfels, findet sich ein magischer Brunnen. Magisch nicht deshalb, weil dort Froschprinz, Kobolde oder Feen zu Hause sind. Magisch, weil aus dem Brunnen Wasser von solch erlesener Reinheit fließt, dass es sich schon seit langer Zeit in klingender Münze bezahlt macht. Das kristallklare, quellfrische Bergwasser vom nahen Staffelberg ist von solch hoher Qualität, dass sich im 19. Jahrhundert die Loffelder Familie Geldner entschloss, ihr eigenes Bier damit zu brauen. Mittlerweile produziert die Familie den süffigen, mehrfach ausgezeichneten Gerstensaft »Staffelbergbräu« in der sechsten Generation. Die durchschnittlich 15 verschiedenen Biersorten sind weit über die Grenzen Frankens hinaus bekannt. Zu den klassischen Sorten wie Pils, Loffelder Dunkel, Hefe-Weißbier und Landbier werden je nach Saison zeitgemäße Variationen wie Bock-, Sommer-, Ernte- und Festbiere gebraut.

Die Spezialität der kleinen Familienbrauerei aber ist das »Wienerle« – ein helles, unfiltriertes und ungespundetes Bier, das mit Wiener Malz in einem aufwändigen Brauverfahren hergestellt wird. Erst nach einer Reifezeit von acht Wochen im Braukeller wird es an die Kundschaft verkauft. Angeschlossen an den »Bräu« ist das »Bräustübel«, in dem ganzjährig fränkische Spezialitäten serviert werden. Angemessene Portionen zu kleinen Preisen. Das »Schäuferla« mit hausgemachten Knödeln und Sauerkraut nach traditionellem Rezept gehört zum Besten, was die fränkische Küche zu bieten hat. Dazu ein frisch gezapftes, kühles Hausbier vom Fass und auch die fränkische Kulinarik wird magisch.

Staffelberg-Bräu · Mühlteich 7 · 96231 Loffeld
Bräustübl tägl. 10–22 Uhr, Mo Ruhetag, Nov. geschlossen · Bierverkauf: Mo–Fr 7–17, Sa 8–14 Uhr
Tel. 09573/5925 · www.staffelberg-braeu.de

11 EIN KLEINES PARADIES IM KRUMMBACHTAL

Naschen, ein Gläschen Sekt, schwimmen, wieder naschen, baden, eine Massage, träumen und schließlich schlemmen. Leben wie Gott in der Rhön. Das Krummbachtal ist ein Wanderparadies. Auf das gleichnamige Wellnesshotel trifft die zweite Worthälfte zu: ein Paradies – oder zumindest ein Stück davon.

Ein Stück, das gefunden werden will. Von außen wirkt das mit verwittertem Holz verkleidete Anwesen erst auf den zweiten Blick einladend. Aber das ist so schlecht nicht: Massentourismus sieht anders aus. Das spitzgieblige Gehöft vor den Toren Schönaus ist ein Ort des Entschleunigens. Hier kann das Handy zu Hause bleiben. Ebenso die Badehose oder der Bikini, denn im Schwimmbad und in Teilen des großzügigen Außenbereichs dürfen Sie als Gast, wenn Sie denn mögen, nackt sein. Sauna, Dampfbad, Caldarium, Salzgrotte, Massageräume – alles da, aber nichts muss: Im Krummbachtal wird nicht um die Wette gesaunt, sondern lieber ein Stündchen länger auf den urgemütlichen Heuliegen gedöst. Und natürlich bestimmt auch der Küchenchef die Atmosphäre. Denn ein Day-Spa-Tag in diesem abgelegenen Rhöner Winkel beginnt mit einem Langschläfer-Frühstück. Lachs, Forelle, Wurstspezialitäten – alles nett, aber nichts gegen den Spaß, sich Waffeln selbst zu backen. Ein etwas wachsames Auge brauchen Sie, um auf der Liegewiese eine der »Kuschelmuscheln« zu ergattern, zu zweit liegt es sich in den kissenbepackten Korbgeflecht-Schalen noch gemütlicher. Auch Strandkörbe oder Liegeschaukeln sorgen für Abwechslung. Und wenn's dann nach einem ganzen Tag für die innere und äußere Schönheit genug ist, dann lockt Erwin Weis mit seiner international angehauchten Rhöner Küche. »Höchster Genuss mit gutem Gewissen« heißt ein abendliches Drei-Gänge-Menü: Bis hin zu den saisonal wechselnden Kräutern kommt alles aus der Umgebung.

> 💡 Ein herrlicher einstündiger Spazierweg führt Sie ins Krummbachtal bis zur Spitzkehre, dort rechts in Richtung Debach, dann zurück nach Schönau und zum Hotel.

Hotel im Krummbachtal · Krummbachstr. 24 · 97659 Schönau a. d. Brend
Tel. 09775/91910 · www.krummbachtal.de

KUNST UND TANGO AUF DER LIEBESINSEL

12

Araucanische Kunst, dazu Wein aus Mittel- und Südamerika? Na, da dürfte der Rebensaft deutlich bekannter sein! Beides gibt's im Arauco, einem von außen unscheinbaren Lädchen auf der Nürnberger »Liebesinsel« – das sich drinnen über drei Stockwerke hinauf türmt.

Zurück zur araucanischen Kunst: Arauco ist eine Stadt in Chile und quasi Namensgeber für die lateinamerikanischen Schmuckstücke und Kunstwerke, die es bei Annette Bausewein und ihrem Mann Alejandro Franco gibt. Wie eben auch den Wein dieser Länder. Es ist ein ganzheitliches Konzept: Natürlich wollen die beiden in ihrem 1993 eröffneten Shop Ware verkaufen, aber darüber hinaus die Kultur von Francos Heimat den Franken näherbringen. Weswegen es regelmäßig Vernissagen gibt. Da werden Bilder ausgestellt, Schmuck nach präkolumbischen Motiven oder indianisches Handwerk. Dazu Musik, gerne Tango, und Wein – fertig ist die Reise in eine exotische Welt.

»Wir sind seit über 20 Jahren ein beliebter Treff für die Latinos der Region«, sagt Franco, ein Universitätsdozent für Soziologie. Sein »Revier« ist vor allem der Wein aus Argentinien, Uruguay, Brasilien oder Chile. Weinseminare gehören zu seinen regelmäßigen Angeboten. »Vom billigen Supermarktsortiment abgesehen, gibt es sonst weit und breit keinen Wein aus diesem Kulturraum«, so Franco, der aber auch kaum einen Kunden aus dem Geschäft lässt, ohne eine anständige Tasse Kaffee. Und kulinarische Kostproben werden an manchen Tagen ebenfalls gereicht.

Seine Frau ist derweil für die Schmuckkollektion verantwortlich. Sie wählt die Stücke bei Goldschmieden aus, stellt aber auch selbst her. Die Kunsterzieherin ist seit über 30 Jahren in diesem Bereich tätig, produziert indianisch anmutende, sehr filigrane Ketten und Amulette. Doch auch klassischer deutscher Schmuck kann zu ihr gebracht werden, denn sie repariert auch. So richtig leuchten ihre Augen aber, wenn sie seltene Stücke präsentieren darf: Das können dann schon mal Repliken antiken Schmucks aus dem Goldmuseum im kolumbianischen Bogotá sein.

Arauco · Mo–Mi 11–13, 14–18, Do, Fr 11–13, 14–19, Sa 11–16 Uhr · Trödelmarkt 13
90403 Nürnberg · Tel. 0911/244 82 57 · www.arauco.de · U1, U2, U3 Plärrer

13 EINE REISE IN DIE ZEIT DER NIERENTISCHE

Es ist eine Zeitreise auf drei Etagen: Im »Hotel Vosteen« dreht sich alles um die 1950er- und 1960er-Jahre. Zwischen Nierentisch und Nachkriegswohlstand verkörperndem Nippes macht sich der Charme einer Zeit breit, als Urlaub und Ausflüge noch etwas Besonderes waren – und genau das soll ein Aufenthalt hier sein.

Die schlichte lindgrüne Fassade und die noch schlichtere braune Eingangstür verbergen geschickt dieses Kleinod in der Lindenaststraße. Hineingepresst in die schmucklose Gebäudezeile liegt Haus Nummer 12. Ein Hotel? Hier? Selbst auf Leuchtreklamen verzichtet Chefin Christina Summerer. Schöner Schein ist ihr fremd. »Uns geht es ums Wohlbefinden, wir wollen Menschen glücklich machen«, sagt sie und spult damit glaubhaft keinen Werbeslogan herunter. Dafür ist sie zu detailverliebt, nein, generell verliebt in ihr Dreisternehaus. Und sie bemüht gar den Dichter Novalis, um die Vorzüge ihres Nostalgie-Babys zu beschreiben: »Das Frühstück ist die Knospe des Tages.« Das wird natürlich stilecht eingenommen: Die Stuhllehnen tragen beiges Bast-Flechtwerk, die Leckereien gibt es auf Omas Anrichte – und in der Ecke steht eine lebensgroße Puppe in Filmdiva-Robe.

Die Zeitreise beginnt schon, wenn sie die Haustür öffnen. Schwere Teppiche, in der Ecke ein Nierentischchen, und nach ein paar Stufen empfängt Sie eine kleine Bar-Ecke. Natürlich steht da eine 1960er-Jahre-Karaffe, nur der Pöbel lässt sich schließlich aus Flaschen eingießen. In unserem Fall ist's ein Grappa, der da wartet. Einschenken darf sich jeder selbst, der Tropfen geht aufs Haus – durch das eine original 1960er-Jahre-Treppe samt Kunststoff-Handlauf führt, vorbei an Porträts von Hollywood-Schnuckelchen Audrey Hepburn und Sophia Loren. Deren Vornamen tragen zwei Zimmer, andere heißen Sonne, Mond oder Sterne. Eingerichtet sind sie bis ins Detail mit originalen Requisiten – da dürfen selbst diese kleinen Kippschalter fürs Licht nicht fehlen. Schließlich wurde das Haus tatsächlich schon 1954 als Hotel bewirtschaftet.

Hotel Vosteen · Lindenaststr. 12 · 90409 Nürnberg · Tel. 0911/95 51 23 30
www.hotel-vosteen.de · Bus 46, 47 Maxtor

DER CLUB DER BÄRTIGEN MÄNNER

14

Frauen gehen zum Friseur, Männer zum Barbier. Beim Mann gibt es sogar noch ein bisschen mehr zum Schnipseln, denn Bart ist wieder in und will gepflegt sein. Bei Giuseppe Agnello sind die Herren in besten Händen, er kümmert sich ums Haar und ums leibliche Wohl der Kunden: An ausgesuchten Whiskeys nippen gehört dazu.

Don Giuseppe ist Sizilianer. Da denkt man an die Mafia – und liegt damit gar nicht so falsch, denn sein Großvater wurde einst tatsächlich mitten in seinem Friseurladen durch eine Kugel des Clans gerichtet. Was den Enkel mit der Vorliebe für graue Westen, knallrote Fliegen und Einstecktücher nicht daran gehindert hat, in die Fußstapfen des Opas zu treten. In stylishem Ambiente schneiden er und sein aus Neapel stammender Kollege Luca moderne Frisuren, stutzen oder trimmen Bärte und rasieren klassisch nass. Klassisch ist ohnehin Giuseppes Ding: »Bei mir gibt es Pomade und Haarwasser statt Gel. Dazu Old School Aftershave und edles Bartöl.« Selbstredend tragen beide Italiener akkurate Bärte. Im Hintergrund dudelt nicht Ramazzotti, nein, es scheppert kernige Rockmusik aus den Boxen. Wer wartet, tut das an der Bar. Die sieht aus, als wäre sie gerade erst in einem Irish Pub abgebaut und hier in der Ausgehmeile Gustavstraße wieder aufgestellt worden. An der Wand hängt ein Fahrrad. Männersachen eben. Da schauen einige »coole Jungs« auch mal einfach so vorbei, besonders am späteren Freitagnachmittag: Geschäfte werden gemacht, sogar mal ein Junggesellenabschied gefeiert. Das Bier gibt's selbstverständlich aus der Flasche. Giuseppe schwört Stein und Bein, dass auch einige ihre Söhne mitbringen, um ihnen zu zeigen: »Schau Junge, beim Barbier lernst du, wie sich ein Mann verhält.«

Für Stammkunden gibt es Jahresabos und Flatrates. Spezielle Haarkunst-Arrangements können auch gebucht werden. Die heißen dann »Don Corleone« oder »Frank Sinatra« – klar, ein bisschen Mafia muss schon sein. Nur am letzten Donnerstag im Monat nicht: Da sind Giuseppe und Luca ganz charmant, denn dann ist »Ladies Day«.

Don Giuseppe Barber Shop · Di–Do 9–18, Fr 9–21, Sa 9–16 Uhr · Gustavstr. 28 · 90762 Fürth
Tel. 0911/93 89 96 16 · www.dongiuseppe.de · U-Bahn Rathaus

DAS ZWEITE LEBEN EINER KRAWATTE

Angefangen hat alles mit Stoffresten auf dem Dachboden, die Oma nicht mehr gebraucht, aber, ganz Oma, sorgfältig sortiert und verstaut hat. Wegschmeißen wollte auch Enkelin Julia Harth die bunten Fundstücke nicht. Und so nähte sich die Schneiderin daraus Röcke und Oberteile – die Geburtsstunde von Nahtwerk.

Denn schnell merkte Harth: Ihre Entwürfe gefielen Freundinnen, ja sogar den Männern. Das schrie ja förmlich nach einer größeren Produktion! Klar, dazu reichten Omas Fetzchen nicht mehr aus. Und so begann die junge Frau, sich in Kleiderfabriken Stoffreste zu organisieren. Oder auf Flohmärkten. Und sie nähte und nähte und nähte. Das tut sie auch heute noch in ihrem kleinen Ladengeschäft, denn inzwischen verkauft sie ihre Kreationen. Natürlich sind das alles Unikate, das bringen die Stoffe so mit sich. Aber nur farblich. Die Kleider und Röcke haben einheitliche Schnitte, liegen irgendwo zwischen Hippie-Folklore und luftiger City-Mode. Und sind bunt. Die Preise richten sich nach dem Zeitaufwand, können natürlich nicht mit den großen Modeketten Schritt halten, liegen aber für Handarbeit im überschaubaren Bereich. »Nur Maßanfertigungen kann ich keine liefern, das geht zeitlich nicht«, sagt Julia Harth. Die recycelten Stoffe, so erzählt sie weiter, würden Geschichte in sich tragen. Geschichte, die für die Trägerin greifbar wird. Zum Beispiel, wenn die Stoffe aus dem Kostümfundus eines Theaters stammen. Neben den Kleidern und Röcken führt Harth auch Jacken, Gamaschen, Hauben oder Gürteltaschen. Und natürlich ihre Spezialität: die Krawattenweste, in der sie »in Rente gegangene« Schlipse zu originellen Westen verarbeitet. Da kommen dann auch die Herren ins Spiel. »Männer trauen sich modisch eben nicht so viel«, weiß die Schneiderin, und auch, dass sie ihre bunten Stücke nicht so gut an den Mann bringt – mit Ausnahme eben dieser Westen.

> Wer Aufgearbeitetes liebt: Der »Fachhandel für Unnötiges« in Fürth bietet Möbel und Dekoratives aus verschiedenen Epochen original oder neu interpretiert.

Nahtwerk · Di–Fr 12–19, Sa 10–15 Uhr · Waagstraße 5 · 90762 Fürth · Tel. 0176/80 01 28 12
www.nahtwerk.net · U-Bahn Rathaus

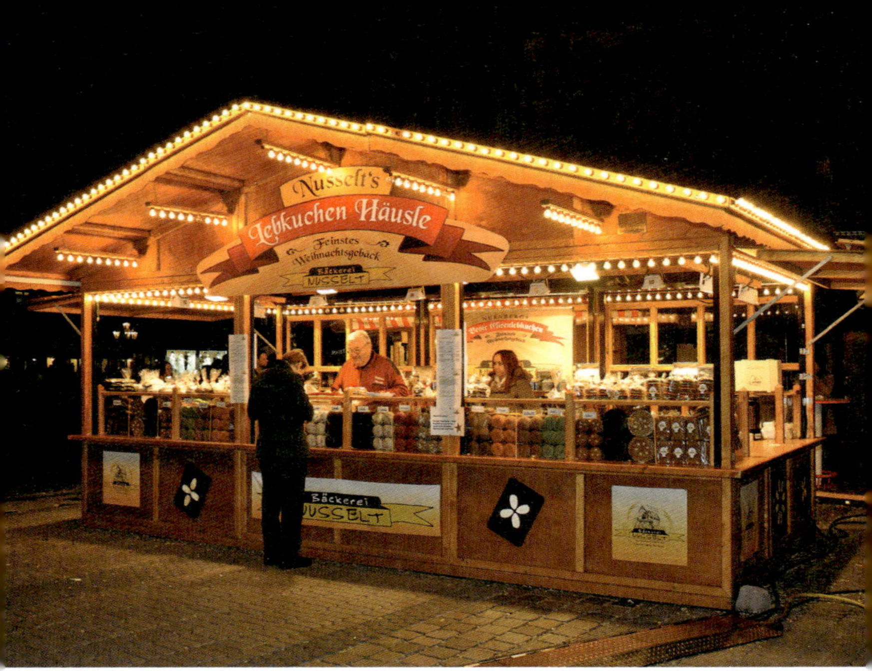
Nusselt's
Lebkuchen Häusle
Feinstes Weihnachtsgebäck
Bäckerei NUSSELT

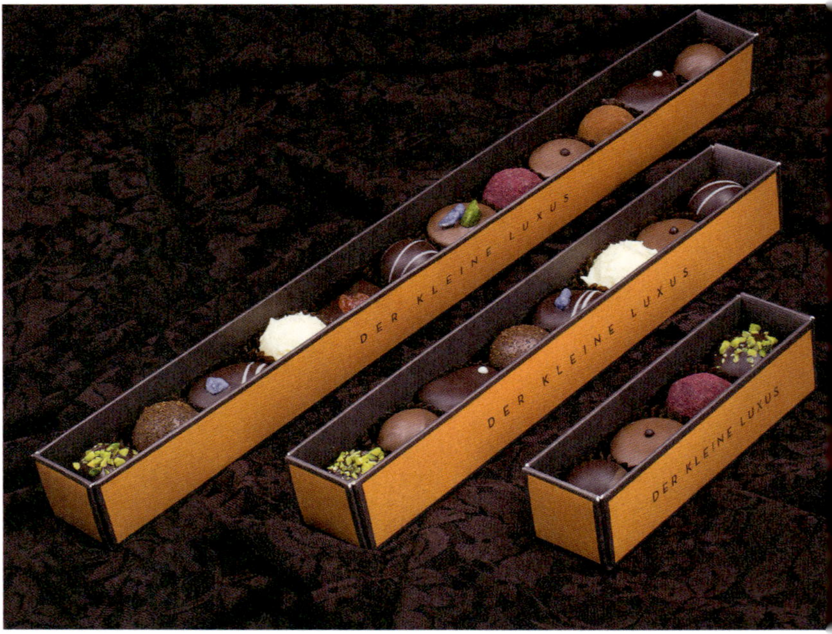
DER KLEINE LUXUS
DER KLEINE LUXUS
DER KLEINE LUXUS

EIN LEBKUCHEN DARF AUCH MAL SCHARF SEIN 16

Der beste Lebkuchen der Stadt – darüber streiten die Nürnberger jedes Jahr. 20´5 ging der Titel an einen kleinen Betrieb: die Bäckerei Nusselt. Die gibt es seit 1888 und in fünfter Generation. Chef Rainer Nusselt setzt auf Traditionelles wie den klassischen Elisenlebkuchen, verschließt sich aber auch Trends nicht. Und so verpackt sein Team ab August auch bunte Exemplare, die nach Orange, Chili oder Apfel schmecken. Gebacken werden drei Größen, neben dem Fünf-Zentimeter-Klassiker und der 9,8er-Variante gibt's den XXL-Lebkuchen (18,5 Zentimeter). Und zur Kinderweihnacht auf dem Christkindlesmarkt dürfen die Kleinen nach eigenen Vorstellungen backen.

Bäckerei Nusselt · Mo–Fr 5.30–18, Sa 7–18, Sonn- und Feiertage 8–17 Uhr · Spitzwegstraße 1
90455 Nürnberg · Tel. 0911/480 52 44 · U1 Aufseßplatz · Stammhaus Nürnberg-Kornburg,
Kornburger Hauptstr. 22 · www.baeckerei-nusselt.de · www.nusselt-lebkuchen.de

DEN ALLTAG IN STÜBIG VERSÜSSEN 17

Schokolade ist nicht gleich Schokolade, ist nicht gleich Schokolade … Wenn Sie der Confiserie Storath einen Besuch abstatten, finden Sie sich nicht nur in einem Schlaraffenland wieder, sondern in einer regelrechten Sinnesakademie für Aromen. Der mehrfach preisgekrönte Chocolatier Johannes Storath weiß so ziemlich alles über Schokolade zu berichten, die regelmäßigen Werksführungen und Verkostungen gelten nicht nur unter Franken als Insidertipp, heiß begehrt und extrem lecker. Nur eine der Besonderheiten der Schokoladenmanufaktur ist die Kombination aus reinen ätherischen Ölen wie Rosen, Orangenblüten oder Zitronengras mit hausgemachter dunkler, weißer oder Vollmilchschokolade. Das Ergebnis zergeht auf der Zunge und sorgt für Glücksgefühle im Gemüt.

Pralinenmanufaktur Storath · Mo–Do 8–16, Fr 8–12 Uhr · St.-Martin-Str.18a
96110 Scheßlitz–Stübig · Tel. 09542/774 69 70 · auch in Bamberg und Bayreuth
www.storath.shop

18 EIN GOLDENES SCHOKOPARADIES

Autofahrer, aufgepasst: In diesem Kügelchen steckt 72-prozentiger Rum aus Frankreich. Na ja, eines geht schon. Auch wenn's schwerfällt, nur einen der Trüffel aus dieser Chocolaterie zu naschen. Seit 2008 werden in dem kleinen Laden Schokospezialitäten angeboten – meist aus eigener Produktion.

Schokolade ist nicht nur ein Genuss. Schokolade macht auch glücklich – so steht es auf der Homepage dieser »Schokoladenmanufaktur aus Leidenschaft«. Doch zurück zu diesen verflixt leckeren Kügelchen: Bei den Trüffeln und Pralinen legen die Mögelsdorfer selbst Hand an. Dabei kommen dann schon mal exotische Kreationen aus Orange, Chili und weißer Schokolade heraus. Oder Blaumohn und Pflümli. Oder Waldbeeren und Holunderblüte. Es sind Dutzende verschiedener Sorten, die sich hinter der Glasvitrine stapeln. Am besten treffen Sie eine kleine Auswahl, bestellen sich eine Tasse »Göttertrank« und lassen an den Stehtischchen eine Praline im Mund zergehen.

Dabei schweift der Blick durch den beinahe magisch gold glänzenden Einkaufsraum des denkmalgeschützten Hauses. Und bleibt unweigerlich an einigen kunstvollen Schnitzereien hängen. Unfassbar, dass zum Beispiel dieses riesige Pferd nicht aus Holz, sondern aus einem gigantischen Schokoladenblock herausgearbeitet wurde. 40 Kilo wiegt das Kunstwerk – aber: nur schauen, weder anfassen noch kosten. Barbara Zissler selbst ist die Künstlerin, die eigentlich mal Friseurin war, ehe sie sich mit dem Schokoparadies einen Traum erfüllte. Sie errang Meisterschaft darin, aus süßen Zutaten noch süßere Versuchungen zu zaubern: Ihre filigranen Marzipanfigürchen sind zum Naschen beinahe zu schade. Derweil der Kunde noch Eisbär Flocke und Schweinchen Schlau auf der Theke bestaunten, packte Manuela Ritter die Spezialität des Hauses ein: ein Schokoladenherz, gefüllt mit Pralinen. Spätestens dann wurde den Kunden klar, dass Schokolade glücklich macht. Heute führt Thomas Dornauer ihr Werk mit mehreren Filialen in der Stadt fort.

Dornauers Lebküchnerei & Chocolaterie · Mo–Fr 10–18 Uhr, Sa 10–13 Uhr · Mögeldorfer Hauptstr. 62 · 90482 Nürnberg · Tel. 0911/373 08 05 · www.dornauers.de
S1, Tram 5, Bus 40 Mögeldorfer Plärrer

O'ZAPFT IS IN DER »HAGLEITE«

19

Wenn der »Hagleiten«-Wirt Günter Limmer etwas hat, dann eine gehörige Portion Schalk im Nacken und ein Riesenwissen über die Kunst des richtigen Bierbrauens. Seine Bierproben in Kulmbach sind Kult, aber nur die wenigsten überstehen die Veranstaltung ohne Promille.

Die Frage »haben Sie auch ein alkoholfreies Bier?« können Sie sich im Gasthof Hagleite in Kulmbach sparen. Klar gibt es das auch, aber so gut wie keiner trinkt es hier. Die »Hagleite« ist Kult, eigentlich in ganz Oberfranken, auf jeden Fall aber für die Kulmbacher Bevölkerung, die das Gasthaus und seinen Wirt, den Limmer Günter, seit Jahrzehnten schätzen. Seit 65 Jahren gibt es die »Hagleite«. Das große Restaurant mit seinem imposanten Ausblick von der Terrasse auf die Plassenburg ist eine Attraktion für sich. Und die regionale, auf fränkische Spezialitäten der Saison abgestimmte Küche eine Wucht. »Gastwirt sucht Genießer«, so das Motto der Speisekarte.

So richtig urig aber sind die regelmäßigen Bierproben mit Bürgermahl, durch die Sie der Wirt launig-humorvoll führt. Im Zentrum der recht feucht-fröhlichen Abende steht nicht nur die Theorie über die verschiedenen Biersorten und ihre Herstellung. Natürlich wird auch verkostet, und das hat es in sich. Ausgeschenkt werden sechs verschiedene Sorten, die unterschiedlicher nicht sein könnten: vom stärksten Bier der Welt, dem »Eku 28« mit 28 Prozent Stammwürze und 9 Prozent Alkohol, über den »Eisbock« (24 Prozent Stammwürze, mit 8 Prozent Alkohol) bis hin zu einem flambierten Weißbier mit Vogelbeerschnaps.

Damit alles nicht schon nach den ersten Runden aus dem Ruder läuft, wird als Grundlage und »Magenpflaster« Original Kulmbacher Bierfleisch aufgetischt: ein zart gegarter Rinderbraten mit fränkischen Klößen und Salat. Als Besonderheit bietet das »Hagleiten« für Gruppen zudem eine »Zapferprüfung« an, bei der ein Gast ein Fass helles Pils anstechen darf. Spritzt es nicht, gibt es als Belohnung eine Zapferschürze mit Urkunde. Geht die Geschichte aber daneben … Ausprobieren lohnt sich.

Gasthof Hagleite · Di–Sa ab 17–22, So 11–14.30 und 17–22 Uhr · Matthäus-Schneider-Str. 6
95326 Kulmbach · Tel. 09221/42 31 · www.hagleite.de

20 KICKERN WIE VOR SECHZIG JAHREN

Der Blaue Affe ist (fast) eine Kneipe wie viele: große Räume, hohe Decken, fränkische Küche, günstiges Bier – eigentlich nichts Besonderes. Gut, das »Gärtla« hintendran ist schattig und gemütlich. Aber so richtig einzigartig ist nur das Geklacker da hinten. Und es klackert immer dann, wenn wieder Leute am Kicker stehen.

Und dieser Tischkicker hat's in sich. Nein, aus Plastik ist nichts, auch nicht aus Sperrholz. Auf vier kräftigen Beinen stehen da massives Holz und Panzerglas. Der Kicker im Blauen Affen ist aus dem Jahr 1957 und, von klitzekleinen Instandhaltungsarbeiten abgesehen, noch in originalem Zustand. Damit ist er einer der ältesten noch in Betrieb befindlichen Geräte der Firma Kicker. Massives Holz außen und als Spielfläche eine Glasplatte, die den Ball irre schnell macht. Hier braucht's ein flinkes Händchen. Die schmalen Holzfüßchen der Spielfiguren lassen ein Einklemmen des Balles mit folgendem Hin-und-Hertäuschen nicht zu – der Ball bleibt im Spiel, und zwar rasant.

Tischfußball hat Tradition in der Kneipe, schließlich liegt nicht weit, quasi ums Eck, der Hans-Lohnert-Sportplatz mit seinem charakteristischen, zweiflügligen Vereinsheim. Hatte das früher nach dem Spiel geschlossen, pilgerten die Fans eben rüber in den Blauen Affen. Und Fußballfans kickern eben auch ganz gern – Hauptsache ein Ball und zwei Tore. Über Jahrzehnte hat sich dann eine Turnier-Kultur im Schankraum entwickelt.

Heute gibt's ein paar Turniere weniger, doch kurbeln (ausdrücklich erlaubt!) die Gäste immer noch zwischen Schnitzel, Stadtwurst mit Musik und einem Humpen Humbser-Bier an den Stangen mit den kleinen Fußballern. Lange warten muss auch niemand, bis er drankommt: Herausforderungen, so sagt es das »Affen«-Reglement, müssen immer sofort nach Beendigung einer laufenden Partie angenommen werden. Und eines blieb immer sicher: Weder die legendäre Langzeit-Wirtin (von 1957 bis 1994) Margarete Derbfuß-Schubert noch ihre Nachfolgerin Angie Ritter samt Kollegen hätten ihr Original von 1957 hergegeben, um keinen Preis der Welt.

Zum Blauen Affen · Mo–Sa 17–22, So 17–21 Uhr · Flößaustr. 9 · 90763 Fürth
Tel. 0911/71 10 38 · www.haus-am-rhein.de/biergarten · Busse 67, 173, 174, 177, 178 Flößaustraße

21 CUSTOM BIKE – FAHRRAD WAR GESTERN

Zwei Räder, Pedale, Sattel, Lenker – lang, lang ist's her, dass ein Fahrrad nur ein Fahrrad war. Mountainbike, Rennrad, BMX, Cross-Rad, Cruiser und, und, und ... Natürlich ist selbst ein Mountainbike nicht mehr nur ein Mountainbike. Ein ganz normales Fahrradgeschäft ist also – richtig: langweilig! Auch in Erlangen.

Weiß und sagt Stefan Blendinger. Und der Zweiradmechaniker-Meister hat daraus eine Geschäftsidee entwickelt. Selbst Biker aus und mit Leidenschaft, hat er 2015 mit seinem Kumpel André, einem Sportwissenschaftler, das Velocita aufgemacht. Motto: »Life is too short to ride shit bikes«. In dem kleinen Laden ist's eng, Zubehör stapelt sich bis an die Decke, Räder stehen dicht an dicht. Selbstverständlich keine landläufigen: »Wir machen Individualaufbauten«, so Blendinger. Maßanfertigungen quasi. Ob Rahmentyp, Federweg, Reifenbreite, Laufradgröße – alles kann so lange zusammengestellt, getestet, umgebaut, wieder getestet und irgendwann, nach reichlich Beratung, endgültig montiert werden. Im Wust der Hersteller und Genres ist es kompliziert, ein Fahrrad auf die persönlichen Bedürfnisse abzustimmen. Die beiden Erlanger Jungs geben sich alle Mühe, genau das hinzubekommen.

Notfalls wird bis in die Nacht hinein gearbeitet. Hinten im Laden ist immer irgendein Rahmen aufgebaut, werden Komponenten verschraubt. So ab 700 Euro kosten Einsteigermodelle, für einen Tausender mehr sind die meisten Wünsche erfüllbar – Grenzen nach oben gibt es freilich kaum. Für Unentschlossene hält Stefan Blendinger immer ein paar Vorführräder zum Ausleihen parat, auch Fat-Bikes mit riesigen Ballonreifen. Und wer mit seinem neuen Gefährt noch nicht so recht klarkommt, für den gibt's neben sportwissenschaftlicher Beratung auch Fahrtechnikkurse. Ortsunkundige nehmen die beiden Biker-Bastler auch mit auf geführte Touren durch das Erlanger Umland, natürlich auf spezielle Touren. Fahrräder waren ja gestern, »Custom Bikes« sind heute – Hauptsache individuell. Ein bisschen Fachsimpelei liefern Stefan und André übrigens gratis.

Velocita · Hauptstr. 118 · 91054 Erlangen · Mi–Fr 9.30–18, Sa 10–13 Uhr
Tel. 09131/9 07 72 26 · www.velocita.de · Bus 289 Essenbacher Brücke

SCHLAFEN HINTER FACHWERK

22

Nein, groß ist's nicht. Sonst wäre es ja auch ein Hotel und kein »Hotelchen«. Ja, es heißt wirklich so: Hotelchen am Theater. Niedrige Decken, noch niedrigere Türstöcke, ganz viel Fachwerk und noch mehr Charme. Hinter der putzigen Fassade führt ein kurzer Flur in den Hof – ist das noch Erlangen oder doch schon die Toskana?

Nora Dörr führt mit reichlich Liebe und einem Händchen fürs Detail fort, was ihre Mutter Tini bis zu ihrem Tod 2013 aufgebaut hat: ein Stadt-Idyll. Im »Hotelchen« wird nicht nur übernachtet. Im Hinterhof schmeckt zwischen Rhododendren und Naturstein-Arrangements nachmittags der Kaffee, an lauen Abenden ein Glas Wein. Gelegentlich schaut auch Herr Blau vorbei, ein Hund, so groß wie lieb, der spätestens beim Frühstück wieder anzutreffen ist – sich wohlig auf seiner Decke rekelnd. Bei Aufschnitt, Käseplatte, Lachs, Caprese, Trauben und unzähligen Brotsorten geht's zu wie in einer italienischen Großfamilie: Alle sitzen am ovalen Ausziehtisch, manch Geheimtipp macht die Runde – und davon gibt's einige in dieser 106 000-Einwohner-Studentenstadt, die völlig zu Unrecht im touristischen Schatten Nürnbergs liegt.

Das »Hotelchen« selbst ist eine Sehenswürdigkeit. Um 1750 erbaut, lag das Anwesen ursprünglich am Rand der pittoresken Altstadt. Anfangs gab es da ein Vorder- und ein Hinterhaus sowie ein Hexenhüttchen dahinter, wo Unter- und Obergeschoss nur über eine windschiefe Außentreppe verbunden waren. Ideal, so dachte Tini Hermann-Dörr, um eine kuschelige Herberge draus zu machen – für sich selbst und ihre Familie. Doch vier Jahre später kam mit Nora die zweite Tochter auf die Welt, und nun sollten Hotelgäste für ein Einkommen sorgen. 1982 kamen die ersten Gäste in die fünf Zimmer. Aus denen durch den Ausbau der hinteren Gebäude im Lauf der Jahre zwölf wurden, darunter eine geräumige Suite mit finnischer Sauna im Bad und Kaminofen im Wohnzimmer. Eine solche Heizquelle hat auch der Frühstücksraum, und im Winter flackert da schon morgens zum Kaffee behaglich das Feuer. Was nicht nur Herr Blau zu schätzen weiß.

Hotelchen am Theater · Theaterstr. 10 · 91054 Erlangen · Tel. 09131/808 60
www.hotelchen-am-theater.de · Bus 288 Botanischer Garten

23 DER BUH KOCHTE MEHR, ALS ER STUDIERTE

Wo gibt's das ultimative Schäufele mit Wirsing und Kloß? In der Erlangener Spezerei. Für Auswärtige: Das hat weder mit spätzen (Unterfränkisch für spucken) noch einer Gewürzhandlung (Mittelhochdeutsch specerie) zu tun. Halt: mit Letzterem indirekt. Denn das urgemütliche Gasthaus war einmal genau eine solche.

1530 urkundlich erstmals erwähnt, hatte das geduckte Gemäuer in der Nähe des Stadtparks eine wechselhafte Geschichte hinter sich, ehe 1968 eine Gewürzhandlung, so hieß das im damaligen Sprachgebrauch noch, einzog. Mit Gewürzen handeln Mia und Jean aber nicht, Jean benutzt sie lieber: Denn der Chef ist auch der Koch. »Zuerst studierte der Buh, und er studierte und studierte und kochte zu Hause, weil er so gerne aß. Er studierte weiter, studierte und kochte und kochte immer mehr… Bis er eines Tages mehr kochte, als er studierte.« Schreibt der Chef über den Chef auf der hauseigenen Internetseite. Und nach den Lehr- und Wanderjahren war's 2011 so weit mit dem eigenen Lokal – in diesem schnuckeligen Fachwerkhäuschen, das gerade mal 38 Gästen Platz bietet. Die beiden Wirtsleute, die tatkräftig von den Eltern unterstützt werden, sind um ein Maximum an Regionalität bemüht. Vor allem beim Wild: Jean Telorack jagt selbst und kauft auch bei Jägern – weil er dann weiß, was er in die Pfanne oder den Topf gibt. Heraus kommt dann unter anderem ein sensationelles geschmortes Reh mit Blaukraut und Kloß – in einer Soße, in der man baden möchte. Auch bei den Kräutern schaut der Koch genau hin – die stammen überwiegend aus dem eigenen Garten. Die Bratkartoffeln werden per Hand geschnippelt, die Äpfel für die gleichnamigen Kräpfli auch. Ein bisschen wie bei Mama, nur besser und mit Abstechern in die gehobene, moderne Kochkunst.

> Noch auf ein Bierchen ums Eck in der Hauptstraße? In der Spezialitätenbrauerei Steinbach locken ein uriger Biergarten und eine Livecam-Schaltung zum Storchennest auf dem Dach.

Gasthaus Spezerei · Do–Sa 17.30–21, So 11.30–19.30 Uhr · Mitte Aug.–Mitte Sept. geschl.
Wöhrstr. 1 · 91054 Erlangen · Tel. 09131/4 00 04 32 · www.spezerei-erlangen.net
Bus 289 Essenbacher Brücke

SCHLEMMEN, WO DIE QUERKEL HAUSTEN

24

Noch heute finden sich die Querkel-Steine nahe Schloss Hohenstein. Querkel-Steine? Genau: Die Zwerge gaben – und bekamen dafür Essen. Eines Tages hatte man die Speisung vergessen, die Männlein bedienten sich selbst, wurden erwischt und verjagt. Vor Zorn packten sie ihre Siebensachen und warfen riesige Steinblöcke Richtung Dorf. Die liegen noch herum – ein Heidenspaß für Jung und Alt, die Felsen abzulaufen. Und das Schloss spitzt aus dem Wald, als hätte jemand Märchenkulissen aufgebaut. 1573 ließ Michael von Lichtenstein das Gemäuer zu einem Schloss im Renaissancestil umbauen, Mitte des 18. Jahrhunderts ließ Freiherr Philipp Ernst von Imhof einen Rokoko-Garten gestalten, 1996 wurde ein Hotel mit gehobener Gastronomie daraus, wo sich die Gäste ein bisschen wie Schlossherren fühlen dürfen.

Schloss und Schlosshotel Hohenstein · Hohenstein 1 · 96482 Ahorn · Tel. 09565/939 31 51
www.schlosshotel-hohenstein.de

SAMBAZEIT IN COBURG

25

Muss man eigentlich um die halbe Welt fliegen, um an der Copa Cabana in Rio de Janeiro den originalen Samba zu erleben? Klare Antwort – nein. Den originalen Samba gibt es auch auf Coburgs Straßen. Bei einem einzigartigen Festival. Der einstige Stürmerstar von Bayern München, Giovanni Elber, muss es wissen. Bei einem Besuch des Samba-Festivals kommentierte der Brasilianer, dass er sich hier fast wie zu Hause fühle. Seit 28 Jahren verwandelt sich das Städtchen an der Itz Anfang Juli in eine internationale Hochburg des Samba-Tanzes. Jähr ich kommen rund 3000 Künstler und mehr als 220 000 Besucher zum dreitägigen Festival. Die Veranstaltung ist das weltweit größte Samba-Festival außerhalb von Rio. Und hat schon zahlreiche Preise eingeheimst. Im Jahr 2011 den »Exportpreis Bayern«, 2014 die Auszeichnung »Bestes Samba-Event« außerhalb Brasiliens und 2018 den »Bayerischen Heimatpreis«.

Samba-Festival Coburg · Rodacher Straße 44 · 96450 Coburg
jährlich Anfang Juli · Tel. 09561/70 53 70 · www.samba-festival.de

ENTSPANNT TRÄUMEN IM SCHWIMMENDEN DORF

26

Der idyllisch gelegene Brombachsee zählt zu den größten Talsperren Deutschlands. Im Sommer ist er eine Pilgerstädte für Badegäste aus nah und fern. Nur die wenigsten wissen aber, dass man dort in einem schwimmenden Dorf direkt auf dem See übernachten kann. Ein Ort des Rückzugs und der Ruhe.

Der See ruft. Man muss nicht gleich in das nächste Flugzeug steigen, um komfortable Übernachtungen und entspannten Luxus genießen zu können. Eine gute Autostunde von der pulsierenden Franken-Metropole Nürnberg entfernt, findet sich das »Floating Village Brombachsee«. 19 schwimmende Häuser in der Marina von Ramsberg bilden miteinander verbunden eine Art schwimmendes Dorf und eine weitgehend unbekannte Attraktion, die so einzigartig ist, dass sie vom deutschen Tourismusverband als »erster und einziger Vier-Sterne-Haus-Park« Deutschlands ausgezeichnet wurde. Alle Villen sind 67 Quadratmeter groß, mit einer umlaufenden Terrasse, zwei Schlafzimmern, Ess- und Küchenbereich, Bad und separatem WC, ausgestattet. Bei der Einrichtung kann man zwischen vier Stilen, maritim, italienisch, skandinavisch und Vintage Flair, wählen. Die Besonderheit der ruhig im Wasser am Steg vor sich hin dümpelnden Häuschen aber ist die große Panorama-Dachterrasse, von der Sie bei einer guten fränkischen Brotzeit und einem frischem »Seidla« Bier den malerischen Sonnenuntergang über dem See beobachten können. Die sanft schaukelnden Villen vermitteln ein einzigartiges Idyll, das sich schnell nach der Ankunft auch in ein neues Lebensgefühl der Ruhe wandelt. Die spiegelglatte Seeoberfläche leuchtet in verschiedenen Orangetönen, die sich langsam bis hin zum Violett-Dunkel der Nacht wandeln. Wem das nicht genug ist, der kann bei zahlreichen Service-Angeboten den Stress des Alltags vergessen. So werden neben Yoga auf dem See auch Ayurveda-Behandlungen direkt in den schwimmenden Häuschen angeboten. Die Villen können 365 Tage im Jahr gebucht werden. 17 von Ihnen verfügen über einen offenen Kamin.

Floating Village Brombachsee · Öffnungszeiten Rezeption 9–17 Uhr · Tel. 089/51 11 02 01
Am Segelhafen 2, (Marina Ramsberg) · 91785 Pleinfeld · www.eco-lodges.de

27 SCHLAFEN WIE EIN HOBBIT IN HÖCHSTADT

Lieblich liegt das Auenland in Mittelerde. Macht uns J.R.R. Tolkien in seinen Fantasy-Romanen glauben. Und dort leben diese netten, kleinen Hobbits in kugeligen Erdhöhlen. Deutlich näher (und realer) als das Auenland ist freilich der Gasthof Aischblick in Höchstadt. Wo es drei putzige Zimmer gibt, in Fässern.

Man muss schon den Kopf einziehen, um durch die niedrige Tür in eines der hölzernen Nachtlager zu steigen. Silvaner, Bacchus und Riesling heißen die drei Fässer, die Ulrike und Norbert Gumbrecht am Rande ihres lauschigen Biergartens aufgestellt haben. Drinnen finden jeweils bis zu vier Personen einen Schlafplatz. Am gemütlichsten ist es aber zu zweit. Am Abend noch ein Gläschen Wein an den Tischchen vor dem Fass oder, wenn's schon kälter ist, auf den Bänken im winzigen »Vorzimmer«. Und dann über die kleine Trittleiter hinauf ins Schlaflager. Noch ein letzter Blick durchs Fensterchen in den Sternenhimmel, am Morgen wecken die ersten Sonnenstrahlen.

Ein Fass-Hotel. Die Idee muss man erst einmal haben. Die Gumbrechts sind bei einer Messe aufs Fass gekommen. Ein Stellplatz für die drei ungewöhnlichen Unterkünfte war im Mai 2015 schnell gefunden. Schnell noch zwischen die Außenwände aus nordischer Fichte geräumige Radschuppen gebaut und Ladestationen für E-Bikes installiert – fertig war die urige Übernachtungsmöglichkeit, die vorwiegend für Radler gedacht ist. Dusche und WC sind – ganz modern und schick – gleich im Haupthaus gegenüber.

Und für Gutes gegen Hunger und Durst wird im Restaurant und Garten gesorgt. Norbert Gumbrecht kocht ehrliche, bodenständige Gerichte, »so saisonal und regional als möglich«. Mit Kräutern und Beeren aus dem eigenen Garten – die Steaks freilich kommen aus Irland. Eine Spezialität ist das Bier-Menü: Da führt ein Biersommelier durch die »flüssige Nahrung«. Das Schäuferla gibt's immer am Wochenende und zusätzlich auf Vorbestellung. Ganz nebenbei gibt's auch noch – von Starkoch Martin Baudrexel beurkundet – den besten Karpfen Mittelfrankens.

Restaurant Aischblick · Mi–Sa 11–14 und 17.30–22 Uhr, So 11–14 und 17.30–21 Uhr
Große Bauerngasse 88a · 91315 Höchstadt/Aisch · Tel. 09193/69 80 90 · www.aischblick.de

SPARGEL ZUM BURGER IN MARKTBERGEL

28

»Wir freuen uns darauf, Sie bewirten zu dürfen.« Britta und Thomas Bogner meinen es ernst. »Wir leben die Verbindung aus fränkischer Tradition und zeitgemäßer Gastlichkeit.« Tun die beiden. Das Haus, in dem sie in Marktbergel gepflegte Küche der Region servieren, stammt aus dem 16. Jahrhundert.

Zu übersehen ist das Rote Ross nicht: Es ist, der Name sagt's, knallrot getüncht. Ein Schmuckkästchen. 2004 hat die Gemeinde das Anwesen erworben, es tüchtig aufgemöbelt und das Innere mit feinsten Materialien ausgestattet, um dem schmucken Ort ein würdiges Wirtshaus zu ermöglichen. Die beiden Pizzerien in Ehren, aber ein fränkischer Vorzeigeflecken ohne fränkische Gastronomie – das musste einfach korrigiert werden. Anfangs hatten die Einheimischen noch Bedenken: der elegante Bau, das schicke Interieur, die vielen Filetsteaks auf der Karte – ein Schickimicki-Laden? Doch die Vorbehalte waren rasch ausgeräumt: Immer montags sitzen sie beisammen, die Marktbergeler, am Stammtisch. Und nicht selten reichen die Stühle kaum aus am großen runden Tisch. Freilich sitzen an den schweren Holztafeln nicht nur die Menschen aus dem Ort. Es hat sich herumgesprochen, dass die Bogners allerhand Spezialitäten auftischen. Zum Beispiel Brände aus Obst der Region, Birne, Apfel, aber auch Quitte. Oder saisonale Gemüse, ebenfalls aus der Gegend; da kann es dann zum Wagyu-Burger mit Wedges schon auch mal Spargelvariationen geben. Die Karte ist übersichtlich, die Wirtsleute verzetteln sich nicht, beschränken sich, zu vernünftigen Preisen, aufs Wesentliche: die Qualität. Gespeist wird im »Ross« oder im »Rössle« – einen Unterschied macht's nicht, so heißen lediglich die beiden Stuben. Altes Gemäuer, kleine Räume. So war das früher halt. Und das mit den Namen setzen die Bogners auch bei den Zimmern des angeschlossenen Hotelbetriebes fort: Eine Nummer über der Tür gibt's hier nicht, dafür die Namen von Ortschaften aus dem Kreis. Im Roten Ross gehört der Gast zur Familie, irgendwie.

Restaurant Rotes Ross · Di–Sa 17.30–23 Uhr
Würzburger Str. 1 · 91613 Marktbergel · Tel. 09843/93 66 00
www.rotes-ross-marktbergel.de

29 BIERPARADIES IN LOKALGRÖSSE

Es muss ja nicht immer das berühmte Rauchbier im nicht weniger berühmten Schlenkerla zu Bamberg sein. Nur wenige Schritte weiter liegt ein absolut gleichwertiges Kleinod fränkischer Braukunst – das Ambräusianum. Und was hier ausgeschenkt wird, gilt nicht nur bei den Bambergern als Geheimtipp.

Wer sich im Ambräusianum eine Zitronenlimonade bestellt, ist selbst schuld. Wenn es Sonntagnacht wird und die Gäste das Lokal längst verlassen haben, dann beginnen für Eigentümer Ambros Michael Mahr seine Sternstunden – Zeit zum Brauen. Im Stammhaus der Familie seit 1809 beginnt es in den Kesseln zu brodeln, Wasser, Hopfen, Hefe und Malz verbinden sich zu einem der besten, vielleicht sogar dem besten Bier Bambergs. Drei Sorten werden ganzjährig frisch gezapft: das Helle, das Dunkel und das Bernsteinweizen. Dazu kommen, je nach Saison, noch das Bock-, das Doppelbock oder das Sandkerwa Festbier. Ein »Seidla« von dem ungefilterten Bier, dazu eine Schale knusprig gebackener Süßkartoffeln – und das Paradies schrumpft auf Lokalgröße zusammen.

Seit 2004 hat sich das Ambräusianum als erste und einzige Gasthausbrauerei in Bamberg etabliert. Heute kommt Ambros mit dem Brauen gar nicht mehr hinterher. Und er versteht nicht nur etwas von Braukunst, sondern kann mit bratpfannengroßen Händen sehr genau auch am Bierkrug erklären, was ein wirklich gutes Bier ausmacht, welche Spuren es hinterlässt: »Wenn des Bier was taugt, dann siehst du jeden Schluck am Glas, weil dort dann Schaumringe bleiben.« Dazu fränkische Kulinarik: Leberknödelsuppe, Krusten-Schäuferla in Biersoße, Bratwurstteller, Blaue Zipfel – wenn das Schlaraffenland Frankens in einer Gasthofbrauerei wahr geworden ist, dann hier! Etwas gilt es zu beachten: Ab 23 Uhr gibt es keinen Ausschank mehr. Denn Ambros hat auch beim Trinken seine Grundsätze: »Wer richtig Bier trinkt, bekommt das richtige Quantum auch bis 23 Uhr hin.« Der Mann hat recht.

Ambräusianum · Nov.–März Di–Fr 16–23, Sa, So 11–21 Uhr, April–Okt. Di 17–23, Mi–Sa 11–23, So 11–21 Uhr · Dominikanerstr. 10 · 96049 Bamberg · Tel. 0951/509 02 62
www.ambraeusianum.de · Bus 910, 918, 928 Schranne

FÜR ENTDECKER!

ERLEBNISSE FÜR ELTERN UND KINDER

30	Einlochen in der Fantasywelt	S. 60
31	Im Reich der Kindheitserinnerung	S. 62
32	Wenn die Kinderwelt Kopf steht	S. 64
33	Sonnenbad zwischen Luchs und Elch	S. 66
34	Treuchtlingens Männertraum	S. 66
35	Wenn die Falken Schabernack treiben	S. 68
36	Wo Puppen am seidenen Faden hängen	S. 70
37	In luftiger Höhe	S. 72
38	Toben im klaren Flachwasser	S. 74
39	Kunst + Garten = Kunstgarten	S. 74
40	Fuchs und Enten in Schwarzenbach	S. 76
41	Ratespiele zwischen Wald und Wiesen	S. 78
42	Imposante Träume auf Rädern	S. 80
43	Bei Schneewittchen daheim in Lohr	S. 82

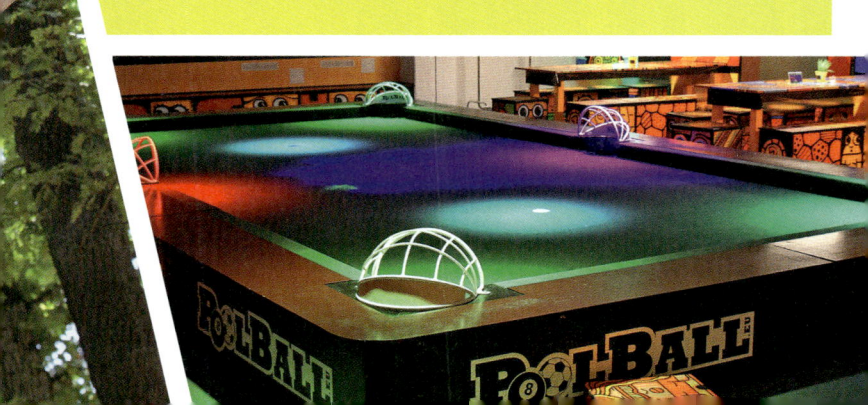

EINLOCHEN IN DER FANTASYWELT

Schein oder Sein? Gar nicht so einfach, diesen kleinen Ball ins Loch zu bringen, wenn die Kulisse scheinbar mitspielt. Minigolf an sich kann ja schon knifflig sein. Ein bisschen kniffliger noch machen es neonbunte Wandeffekte und eine spezielle Brille: Plötzlich schwebt da ein Drache über der Bahn. Schnappt der sich etwa das Bällchen?

Tut er natürlich nicht. Aber ein Heidenspaß ist es allemal, in einer Fantasywelt den Schläger zu schwingen. Allein diese Bahnen: Drachen reißen furchterregend das Maul auf, ein Stückchen weiter schlängelt sich ein anmutiges Fabelwesen um ein Hindernis. Da drüben verschlingen gierige Wasserpflanzen den Ball. Küssen sich da nicht zwei Blumen? Das alles kann ganz schön ablenken vom Wunsch, mit möglichst wenigen Schlägen ans Ziel zu kommen. Denn wie beim richtigen Minigolf ist auch hier das Ziel, im Idealfall einen »Einser« zu spielen. Aber ums Gewinnen geht's nicht so sehr. Der Spaß am

> Gleich ums Eck bietet das »Lasertag« ebenso virtuellen Spielspaß, aber eher für kampfeslustige Teamsportler – Gotcha, quasi, aber fantasievoller.

ungewöhnlichen Spiel steht im Vordergrund beim Indoor-Golf in einer Schwarzlicht-3-D-Animation. Im Erdgeschoss der Würzburger Posthalle durften sich fränkische Künstler wie Micha Colory austoben. Alle Hindernisse und Wandgestaltungen sind handgemacht.

In der Schwarzlichtfabrik können Sie nicht nur Minigolf spielen. Da gibt es noch das »Pitpat-Wonderland«, das zwar einer Minigolfanlage ähnelt, gespielt wird aber auf Tischen, mit Billardkugeln und einem Queue. Oder der riesige Poolball-Tisch: Auf einer dem Poolbillard nachempfundenen Fläche laufen die Spieler herum und versenken Fußbälle in die sechs Löcher. Kreativere Köpfe versuchen sich mal im Kunstraum, wo sie selbst 3-D-Bilder malen können. Oder im Rätselraum. Und hier und da veranstalten die 3-D-Spezialisten auch Feste in der Halle, wo zum Beispiel Traumfänger gebastelt werden können oder eine Capoeira-Gruppe brasilianische Kampfkunst vorführt.

Schwarzlichtfabrik · Di–Do 14–20, Fr 14–23, Sa 11–23, So 11–22 Uhr · Bahnhofsplatz 2a
97070 Würzburg · Tel. 09 31/46 53 69 87 · www.pitpat-wonderland.de · S1–S5 Hauptbahnhof

31 IM REICH DER KINDHEITSERINNERUNG

Da werden wohl nicht nur Kinderträume wahr. Spielzeug sorgt bekanntlich auch bei den Großen für leuchtende Augen. Vor allem dann, wenn's an die eigene Kindheit erinnert. Mensch, war das nicht schön damals, als wir die Spielzeugautos über Omas Wohnzimmerteppich geschoben haben? Sieh mal, dieser Teddybär!

Im Sugenheimer Spielzeugmuseum gibt's alles, was Kinderherzen einst höherschlagen ließ: Puppen, Puppenküchen, Kaufläden, Holzspielzeug aus dem Erzgebirge, Eisenbahnen, Autos, Dampfmaschinen, Zinnfigürchen, Tiere aus Plüsch und Holz, Schaukelpferde, Baukästen, sogar Militärspielzeug. Aber auch Kostüme und Kinderuniformen. Die Betreiber des Museums haben sich in den Räumen des Alten Schlosses für eine Ordnung nach Themen und weniger nach Epochen entschieden. Und so gibt's ganze Vitrinenreihen nur mit Puppen, bevor einige Meter weiter hinten eher die Jungs auf ihre Kosten kommen: Da hängen dann Flugzeuge an dünnen Fäden über Lokomotiven aus Blech. Der renommierte Auktionator Jan Kube hat sich mit seiner Frau Manuela Mitte der 1970er-Jahre einen Traum erfüllt. Die beiden erwarben das Schloss, renovierten es und richteten darin Ende der 1980er das Museum ein. Mehr als 2500 Exponate haben die beiden zusammengetragen – Spielzeug von der Mitte des 18. Jahrhunderts bis in die 1960er-Jahre. Immer wieder veranstalten die Kubes auch Sonderausstellungen, so wurde schon einmal »Miss Puppe« gewählt. Da Jan Kube ein großes Faible für Militaria – und auch als Auktionator hier seinen Schwerpunkt – hat, wundert es nicht, dass einer der zwölf Räume sich mit militärischem Spielzeug beschäftigt, in dem sich für heutigen Geschmack wahrhaft Skurriles findet; wie eine hölzerne Miniatur-Schießbude mit der Aufschrift »Üb Aug' und Hand für's Vaterland«.

> 💡 Direkt gegenüber lockt der Landgasthof »Ehegrund« gleich dreifach: mit deftiger regionaler Küche, einem idyllischen Biergarten – und Musikantenfreundlichkeit.

Spielzeugmuseum Sugenheim · Karfreitag bis 1. Advent Sa, So 14–17 Uhr
Schlossstr. 47 · 91484 Sugenheim · Tel. 09165/650
www.spielzeugmuseum-sugenheim.de

HESS Pennytoy-Zug,
lithogr. Blech, um 1912

WENN DIE KINDERWELT KOPF STEHT

32

»Der Mann, der noch an den Klapperstorch glaubte« – so heißt ein Stück hier. Und schnell ist klar: Hier geht's um Kinder. Auch wenn nicht wirklich jemand und auch nicht alles Kopf steht, das Theater Kopfüber ist ein ganz besonderes. Kinder spielen für Kinder – und natürlich auch den ein oder anderen Erwachsenen.

Claudia Kucharski ist Schauspielerin. Und schreibt Drehbücher. Und führt Regie. Aber vor allem arbeitet sie leidenschaftlich gerne mit Kindern. Es ist die unverkrampfte Freude der Kleinen, die spontane, emotionale Herangehensweise, die sie reizt: »Wir wollen ein spannendes, interessantes und überraschendes Theater zeigen, manchmal frech und unkonventionell, aber immer auf höchstem künstlerischem Niveau.« Auch wenn da mitunter schon Sechsjährige auf der Bühne herumtollen, in kleinkindlichen Klamauk soll's nie ausarten. »Wir suchen ungewöhnliche Blickwinkel, wollen Dinge von einer anderen Seite betrachten und sie auf den Kopf stellen« – so steht es im Programm des Schauspielhauses für Kinder und Jugendliche.

Kinder können in dem rot-weiß getünchten Hinterhof-Flachbau ihre ersten Schritte auf die Bretter, die die Welt bedeuten, wagen. Sie bekommen Tipps und Tricks mit auf den Weg, wie sie ihren späteren Zuschauern eine Szene möglichst natürlich nahebringen. Wie sie am leichtesten Texte lernen. Oder auch mal improvisieren. Und dann dürfen sie möglicherweise bei den regelmäßigen Aufführungen am Nachmittag oder Abend mitwirken. Da staunen dann die Altersgenossen im Publikum nicht schlecht. Die Stücke sind gestaffelt nach Alter, ab sechs und bis 14 Jahre. Und besonders in der Weihnachtszeit, wenn dann beispielsweise »Sterntaler« auf dem Programm steht, sinkt das Mindestalter auch mal auf vier Jahre. Dann ist das Gedränge auf den Rängen mitunter groß, denn Platz haben maximal 99 Zuschauer. Und die bekommen neben professionellem Schauspiel von Profis wie Kucharski auch fantasievolle Kostüme zu sehen; denn das Haus ist voll mit Requisiten und Klamotten – da zu wühlen, ist ein Kindertraum.

Theater Kopfüber · Schalkhäuser Str. 100 · 91522 Ansbach · Tel. 0981/220 40 41
www.theater-kopfueber.de · Bus 731, 751 Messezentrum

33 SONNENBAD ZWISCHEN LUCHS UND ELCH

Tapsig folgen die Kleinen der Mama, und die führt sie zum See. Ja, die Elche sind die große Attraktion des Schweinfurter Wildparks. 2016 brachte Elchkuh Daya hier ihre Zwillinge zur Welt, in dem Park, in dem es beinahe so aussieht wie in Schweden. Ob Luchse, Hochlandrinder, Damwild oder Greifvögel – alle haben auf den 15 Hektar Platz für ein Leben (fast) in Freiheit. Geburten sind keine Seltenheit bei rund 460 Tieren in der Anlage, die 1962 als »Waldspielplatz an den Eichen« eröffnet wurde. Im Sommer kommen Mütter gerne mit ihren Kindern hierher: Sonnenbaden auf der Liegewiese, die Kleinen toben rund um den riesigen Kletter-Holzelch. Und einen zünftigen Biergarten gibt's außerdem.

Wildpark an den Eichen · durchgehend geöffnet · freier Eintritt · Albin-Kitzinger-Straße 97422 Schweinfurt · Tel. 09721/472 78 39 · www.wildpark-schweinfurt.de · Bus 51 Wildpark

34 TREUCHTLINGENS MÄNNERTRAUM

Sie leuchten immer noch, die Augen von Bernhard Fackler, der seit 1952 Lokomotiven und Waggons sammelt. Facklers Leidenschaft heißt Märklin. Auf dieser Basis hat er sein Schienengewirr im Maßstab H0 aufgebaut. Die Gleise dehnen sich inzwischen in dem alten Fabrikgebäude so weit aus, dass ein Großteil der Strecken unterirdisch verläuft. »Ein Zug verschwindet in einem Tunnel und kommt 15 bis 30 Minuten später woanders raus«, sagt er. Zu Besuch kommen mindestens so viele Erwachsene wie Kinder. Seit die Mauern ein Expandieren seines Männertraums einschränken, setzt Fackler auf komplizierte Technik. Ein besonderer Clou sind die interaktiven Elemente, die die Besucher per Knopfdruck steuern können. Und weil Fackler ein Schelm ist, verbaut er auf seiner zwischen fränkischer Realität und Fantasie angesiedelten Landschaft kleine, versteckte Gags: Lassen Sie sich überraschen...

Miniaturland Treuchtlingen · ganzjährig Di–So 13–17.30 Uhr · Elkan-Naumburg-Str. 35 91757 Treuchtlingen · Tel. 0170/4 74 18 40 · www.miniaturland-treuchtlingen.de

WENN DIE FALKEN SCHABERNACK TREIBEN

Einmal selbst Falkner spielen, einen Greifvogel auf dem Arm tragen, ihn fliegen lassen. Liest sich nach irgendwas zwischen Abenteuer und Jugendtraum. Auf Schloss Schillingsfürst wird das Realität. Neben einer spektakulären Flugshow bietet Falknerin Gesa Lottmann auch bei rechtzeitiger Voranmeldung einen eintägigen Kurs an.

Von 10 bis 16 Uhr lernt der Schüler (der mindestens 15 Jahre alt sein muss) das Tragen eines Vogels, damit beide Vertrauen gewinnen. Bei der ersten Schau um 11 Uhr darf er, vorausgesetzt die Chemie zwischen Mensch und Tier stimmt, bereits erste eigene Versuche wagen. Bei der Nachmittagsaufführung ist es mitunter schon möglich, den Vogel fliegen und wieder landen zu lassen. Es muss ja nicht gleich der größte Adler sein aus dem Bestand von rund 40 Tieren. Die können auch mal

> Da der Besuch beim Kauf einer Falknerei-Karte im Preis eingeschlossen ist, lohnt die geführte Besichtigung des Schlosses.

mehr werden, denn bei den Eulen züchten die Schillingsfürster Falkner auch Nachwuchs. Ansonsten gibt's Wüstenbussarde, Gänsegeier, Adler und, klar, Turmfalken. Die sitzen tagsüber in weitläufigen, wunderschön in einem kleinen Wald gelegenen Gehegen und können zum Teil ohne störende Drahtgitter beobachtet werden. Bei den Flugschauen im Schatten der mächtigen Schlossmauern aus dem 18. Jahrhundert sorgt Falknerin Gesa Lottmann mit ihren Späßen für Lacher – und einige Vögel stehen ihr in nichts nach und sind sich für keinen Spaß zu schade, um an einen Leckerbissen zu kommen.

Die Falknerei hat Tradition, hoch droben auf dem Berg bei Schillingsfürst. Der Marktgraf von Ansbach residierte im 19. Jahrhundert in dem massigen Barockschloss, das aus einer Burg aus dem 13. Jahrhundert hervorging – und er war selbst Falkner. Sein Hobby hatte einst den Staatshaushalt schier ruiniert. Nach einiger Unterbrechung ist der Falkenhof seit 2013 wieder fürstlich, dank des aus der Wiener Linie des Adelsgeschlechts Hohenlohe-Schillingsfürst stammenden Fürsten Constantin.

Falkenhof Schloss Schillingsfürst · April–Okt. Di–So 10.30–17 Uhr · Flugschau 11, 15 Uhr
Am Wall 14 · 91583 Schillingsfürst · Tel. 09868/201 · www.falkenhof-schillingsfuerst.de

36 WO PUPPEN AM SEIDENEN FADEN HÄNGEN

Wabernde Kunstnebelschwaden auf offener Bühne. Kunstvoll geschnitzte Figuren in aufwendigen, liebevollen Bühnenbildern. Dazu die Klassiker der deutschen Oper – das Marionettentheater Bamberg ist alles, nur kein Kindertheater.

Das sollten sich auch Opern- und Klassikmuffel nicht entgehen lassen. Ein Theatererlebnis der völlig ungewohnten Art, dabei ungemein effektvoll und spannend. Nur halt nicht mit lebenden Schauspielern oder Sängern, sondern kunstvoll geschnitzten Holzfiguren. Dieses Theaterchen zieht jeden in seinen Bann. Gerade 25 Parkettplätze umfasst Bayerns kleinstes Theater, mehr braucht es auch nicht, um große Oper kunstvoll in Szene zu setzen.

Die Magie des Augenblicks beginnt spätestens dann, wenn die Lichter im Raum erlöschen und sich der Vorhang ruckelnd hebt. Musik, Bühnenbild und die hölzernen Protagonisten verbinden sich zu einer faszinierenden Einheit und entführen den Zuschauer in die Bühnenwelt. Es sind eindrucksvolle, ungemein stimmige Inszenierungen, die auf der kleinen Bühne gezeigt werden, mit bis ins letzte Detail liebevoll ausgestalteten Bühnenbildern. Das ist richtig großes, großartiges Theaterspektakel mit effektvoller Lichtregie, Windmaschine, Pyrotechnik und Nebeleffekten, wirbelnd, wabernd, wogend.

Das Repertoire des Bamberger Marionettentheaters umfasst Mozarts »Zauberflöte«, Webers »Freischütz«, Wagners »Fliegenden Holländer«, Shakespeares »Sommernachtstraum«, Goethes »Faust«, aber für die jüngere Generation auch Märchen wie »Die Prinzessin und der Schweinehirt«. Die Spieldauer liegt bei etwa zwei Stunden.

Ein besonderes Zuckerl erwartet Sie nach der Vorstellung: Jeder aus dem Publikum darf auch einen Blick hinter die Kulissen werfen. Dort sehen Sie, wie Bühnenbilder verschoben oder ausgeleuchtet werden und wo jeder Spieler seine Position hat. Das ist sicher die beste Gelegenheit, einen Einblick sowohl in die Spielkultur des 19. Jahrhunderts zu bekommen als auch in die moderne Technik und Ausstattung einer heutigen Puppenbühne.

Bamberger Marionettentheater · Untere Sandstr. 30 · 96049 Bamberg · Tel. 0951/67600
www.bamberger-marionettentheater.de · Bus 916 Markusstraße

37 IN LUFTIGER HÖHE

Harmonisch schmiegt sich der zwei Kilometer lange und 700 Meter breite Untreusee in die weiche Hügellandschaft, und man vergisst fast, dass er vor mehr als 40 Jahren von Menschen geschaffen wurde. Direkt am Ufer befindet sich der Kletterpark Untreusee. Nicht nur für aktive Hofer eine gelungene Herausforderung in luftiger Höhe.

Eines stellt das Personal gleich beim Eintritt fest: Ohne Einweisung geht gar nichts, und Sicherheit ist oberstes Gebot bei der Kraxelei im Kletterpark. Deshalb erhalten Sie hier zu Beginn ausführliche Erklärungen und klettern zusammen mit geschultem Personal auf einem kleinen Testparcours, bevor das Abenteuer in der Höhe ruft. Immer abgesichert mit professionellen Kletter-Sicherheitsgurten und Karabinerhaken. Acht Parcours mit unterschiedlichen Schwierigkeitsgraden und 111 Stationen warten auf einer Gesamtfläche von 20 000 Quadratmetern. Anfänger, Kids und Höhenängstliche starten mit dem Kurs Weiß, der noch ziemlich simpel zu bewältigen ist und bis zu einer Höhe von circa drei Metern reicht. Danach steigt der Schwierigkeitsgrad über Blau und Rot Stück für Stück gemächlich an und bietet eigentlich für jeden etwas, der sich sukzessive hinaufwagen will. Die Herausforderung beginnt mit einer Kletterwand, dem ersten Tarzansprung in vier Metern Höhe und einem wackeligen Tunnel, der den Gleichgewichtssinn schulen soll. Mitunter tanzt der »innere Schweinehund« zwar schon ein bisschen Polka, und richtig Stimmung kommt dann beim Flying-Fox-Kurs auf, der in 14 Meter Höhe führt und auf dem sich Wagemutige mit Seilrutschen über die Baumwipfel zu einer Aussichtsplattform über dem Kletterlabyrinth hangeln können. Auch wenn diese Höhe ungeübten Städtern schon einiges an Überwindung abverlangt, bedeutet es doch für jeden, der sich traut: Es macht riesigen Spaß. Der herrlich idyllisch gelegene Park am Ufer des Untreusees hat bei den Hofern schon lange eine Art Kultstatus erlangt, und das generationsübergreifend. Und allein die paradiesische Lage ist den Besuch und den Eintritt mehr als wert. Nicht nur für Hofer.

Kletterpark Untreusee · März–Nov. Mo–Fr 13–19, Sa, So 10–19,
bayer. Ferien tägl. 10–19 Uhr, z.T. wetterbedingte Änderung · Freizeitpark Untreusee · 95032 Hof
Tel. 09281/833 35 58 · www.kletterpark-untreusee.de

TOBEN IM KLAREN FLACHWASSER

38

Man muss das versteckte Örtchen erst einmal finden. Der Abenteuer- und Wasserspielplatz in Weismain liegt idyllisch in einem Wäldchen und bietet mehrere flache Zugänge zu den Flüsschen Mühlbach und Weismain. Die Stadt hat an dem verwunschen wirkenden Platz vielfältige Spielmöglichkeiten aufgestellt, die begeistert genutzt werden: Sandkasten, Rutschen, Schaukeln, Wippen, Klettergeräte und eine Seilbahn. Das Schönste aber ist das Wehr, das Mühlbach und Weismain verbindet, wo die Kids sich im sprudelnd rauschenden Flachwasser austoben können. Sommer, Sonne und Planschen im knöcheltiefen, klaren Fluss – da wird auch der Erwachsene gern wieder Kind.

Wasserspielplatz Weismain · ganzjährig geöffnet · In der Au · 96260 Weismain
auf der Hollfelderstr. bis zur Autohandlung, die Gasse gegenüber führt zum Ziel

KUNST + GARTEN = KUNSTGARTEN

39

Angefangen hat alles mit dem Sitzplatz im Schatten einer Marone. Um 1990 wollte Monika Lehner mit Walter Hettich einfach nur das elterliche Grundstück etwas kultivieren. Mit der Zeit wurden die »Gartenzimmer« immer mehr: Es entstanden Gärten im Garten. Klar, der Mann ein Künstler, da gab's schnell allerhand auf- und auszustellen, »aber nur Sachen aus Stein, Holz und Metall«. Hier wird nicht mehr gemäht, als es muss, die Zäune sind aus Weidengeflecht, es darf wuchern. Ein Idyll, viel zu schade, um es allein zu genießen. Jung und Alt sind willkommen. Vielleicht zu einer privaten Feier mit nicht ganz alltäglicher Verpflegung? Oder in der Ferienzeit zu einem Kids-Event mit Abenteuer-Übernachtung? Auch Malen können die Kinder lernen, bei Walter Hettich persönlich. Richtig spannend wird's am 21. Dezember: Dann schaut eine »echte« fränkische Hexe vorbei.

Hortus natura et cultura · Mi–Sa 14–18 Uhr, Galerie n. Vereinb. · Leitenweg 1
91126 Kammerstein-Barthelmesaurach · Tel. 09178/3 28 · www.gruenes-echo.de

40 FUCHS UND ENTEN IN SCHWARZENBACH

Mal ehrlich, sagt Ihnen der Name Erika Fuchs etwas? Wahrscheinlich eher wenig. Seufz. In Schwarzenbach aber hat man der Dame gleich ein ganzes Museum gewidmet. Und was für eines. Sie war es, die den »Micky Maus«-Heften der Nachkriegszeit ihren sprachlichen Charme gab. Entenhausen liegt in Schwarzenbach. In Oberfranken.

Comics hatten in der Nachkriegszeit lange einen schlechten Ruf, galten als Schundliteratur. Genau aus dieser Ecke hat sie die Übersetzerin Erika Fuchs herausgeholt. Sie verpasste Dagobert, Donald, Daisy ihre jeweilige Identität, ihr Sprachbild, ihre Persönlichkeit, legte ihnen Goethe- und Schillerzitate in die Schnäbel und erfand die »Ächz! Grübel! Seufz!«-Lautmalereien. Von 1934 bis 1984, also 50 Jahre lang, lebte und übersetzte die promovierte Kunsthistorikerin in Schwarzach Disney-Comics. Vor einigen Jahren haben die Schwarzenbacher der 2005 im Alter von 98 Jahren verstorbenen Comic-Chefredakteurin für 4,3 Millionen Euro ein einzigartiges Museum gebaut, in dem der Bild- und Sprachkosmos von Entenhausen zum Leben erwacht.

Der Rundgang führt durch sieben Räume, sieben faszinierende Aspekte, einer fesselnder als der andere. Sie können hier Stunden verbringen, ohne sich sattzusehen: In einem Raum ist ein begehbares Entenhausen entstanden. Der Besucher kann Daniel Düsentrieb in der Erfinderwerkstatt über die Schulter blicken oder ein Talerbad in Dagoberts Geldspeicher nehmen. Im nächsten Raum findet sich das Leben der Erika Fuchs in einem raumhohen Sprechblasen-Roman wieder. Ein ganzes Kabinett widmet sich der Sprachkunst der Übersetzerin. Dort können Sie selbst Sprechblasen füllen oder erfahren, dass Onomatopoesie die Nachahmung von Geräuschen in der Sprache ist, also: Klirr, Kreisch, Klimper, Schnatter, Galoppel. Fuchs hat sogar die Sprache der modernen Generation auf SMS oder Twitter noch geprägt. Mit dem nach ihr benannten Erikativ, bei dem die Infinitiv-Endung -n oder -en einfach wegfällt: Staun! Eines der spannendsten, originellsten, witzigsten Museen der Welt, es versteckt sich in Oberfranken.

Erika-Fuchs-Haus · Di–So 10–18 Uhr, Karfreitag, Weihnachten und Silvester geschl.
Bahnhofstr. 12 · 95126 Schwarzenbach/Saale · Tel. 09284/94981 20 · www.erika-fuchs.de

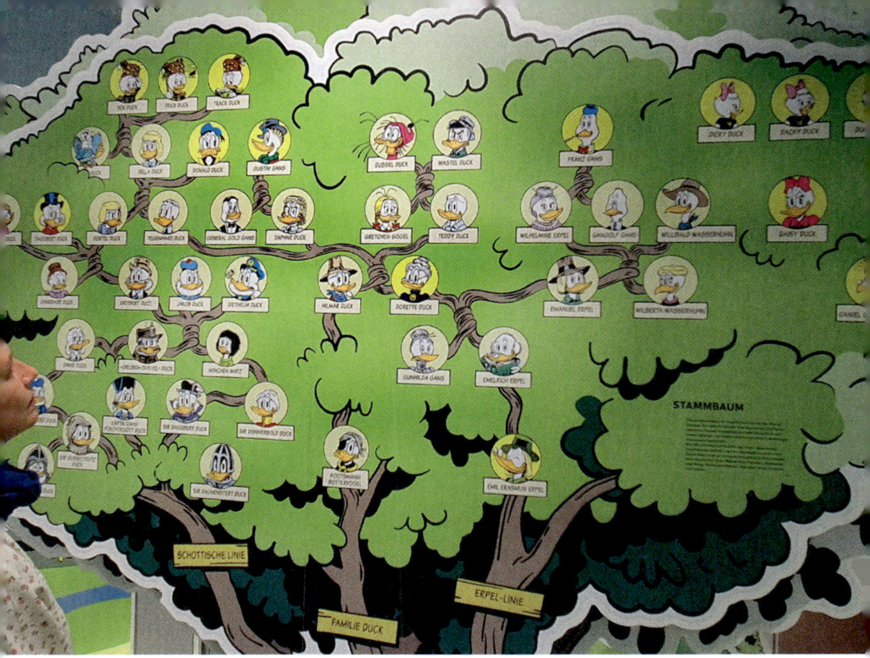

STAMMBAUM
TICK DUCK
TRICK DUCK
TRACK DUCK
DELLA DUCK
DONALD DUCK
GUSTAV GANS
DAGOBERT DUCK
DEGENHARD DUCK
GENERAL GOLD GANS
DAPHNE DUCK
DUSSEL DUCK
WASTEL DUCK
GRETCHEN GÖGEL
TEDDY DUCK
FRANZ GANS
DICKY DUCK
DACKY DUCK
WILHELMINE ERPEL
GANGOLF GANS
WILLIBALD WASSERHUHN
DAISY DUCK
JAKOB DUCK
DIETHELM DUCK
DORETTE DUCK
EMANUEL ERPEL
WILBERTA WASSERHUHN
DAVID DUCK
MINCHEN MATZ
GUNHILDA GANS
EMELRICH ERPEL
SIR DAGOBERT DUCK
SIR DONNERBOLD DUCK
BOOTSMANN BOTTERVOGEL
EMIL ERASMUS ERPEL
SIR DAUNENSTERT DUCK
SCHOTTISCHE LINIE
FAMILIE DUCK
ERPEL-LINIE

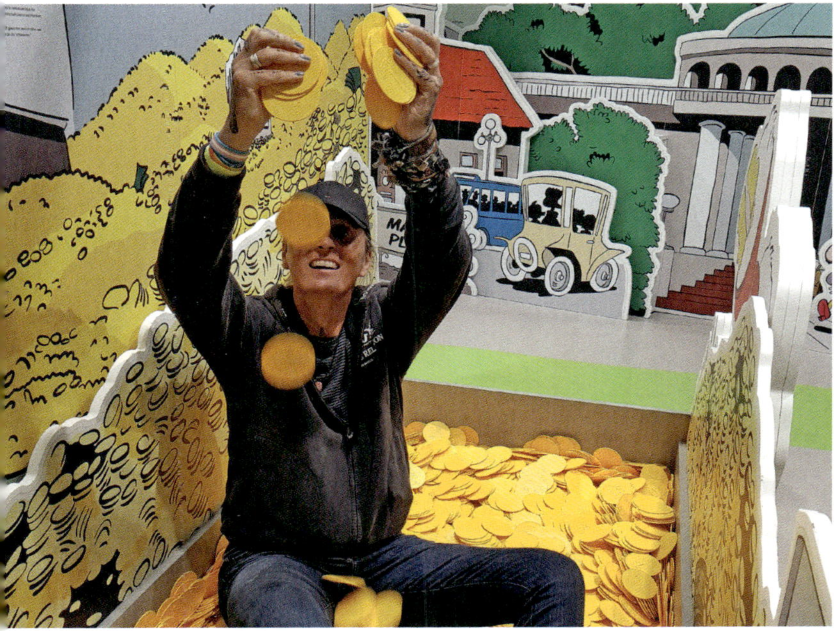

RATESPIELE ZWISCHEN WALD UND WIESEN

Sie ist ein mächtiger, uralter Baum: die Bildeiche zwischen Iphofen und Birklingen. Auf 300 bis 450 Jahre wird sie taxiert, seit 1897 schmückt sie ein Bild mit einem Schäfer und seinen Tieren, gestiftet von der Wallfahrts-Congregation Iphofens. Die Eiche ist eine bedeutende Station der Wallfahrt nach Vierzehnheiligen. Nun, den Kindern dürfte das weniger bedeuten, gleichwohl genau hier der Ausgangspunkt für einen unvergesslichen Familienspaß in der Natur liegt.

Vom Parkplatz an der Bildeiche startet ein gut drei Kilometer langer Rundweg, der die jungen Wanderer begeistern wird, so sie sich denn für Pflanzen und Tiere interessieren. Nicht umsonst heißt er »Naturerlebnisweg« und bietet an acht Stationen Rate- und Mitmachspiele an. »Kennst du die Baumarten?«, werden Sie gefragt und müssen dann kleine Rindenstücke den vier Täfelchen zuordnen. Zuvor lohnt sich ein Blick in die gleich gegenüber der Bildeiche gelegene Dreifaltigkeitskapelle. Von da führt der Weg durch einen »Mittelwald«. Natürlich wird Ihnen anschaulich erklärt, dass diese historische Waldbauform aus zwei Baumschichten besteht: dem Oberholz, das alt werden darf, und dem Unterholz, das etwa alle 30 Jahre flächig als Brennholz geerntet wird. Bald schon öffnet sich jedoch der Blick auf atemberaubend weite Wiesenflächen, während der Weg sich den Wald entlangschlängelt.

Zwischendurch wird's sportlich (»Hau den Lukas«) und lehrreich. Mittels Schnüren werden Lösungswörter mit Tierbildern verknüpft, wenn es um den Lebensraum auf einer Eiche geht. Etwa nach halber Strecke geht's wieder in den Wald und zurück zum Parkplatz. Dort warten überdimensionierte Holzliegen zum Entspannen oder darauf Herumtollen. Und ein schmucker Info-Pavillon. Wenn Sie gerne noch ein paar Meter mehr laufen wollen, bieten sich einige Abzweigungen: Für die Kleinen dürfte der Abstecher zur Burgruine Speckfeld interessanter sein, für die Eltern der zum Gasthof »Augustiner am See«, wo international interpretierte fränkische Küche serviert wird.

Naturerlebnisweg · Info-Pavillon und Ruine Speckfeld ganzjährig frei zugänglich · Parkplatz an der Bildeiche liegt an der Birklinger Straße auf halber Strecke zwischen Iphofen und Birklingen
www.iphofen.de

IMPOSANTE TRÄUME AUF RÄDERN

Von Oldtimern längst verblichener Epochen bis hin zu den Automobilen vom Beginn moderner Zeiten der 1970er- und 1980er-Jahre findet sich im Museum in Fichtelberg so ziemlich alles, was für Autofans wichtig ist. Wem das noch nicht genug ist, der kann auf dem Freigelände einen russischen Kampfjet als Original bestaunen.

Wer Autos und Motoren liebt und alles, was so richtig Pferdestärken hat, dem wird hier das Herz weit aufgehen. Perry Eckert, der Gründer des Automuseums in Fichtelberg, entdeckte schon als Teenager seine Liebe für Motorfahrzeuge aller Art. Und auch, dass ihn das »Schrauben« und Herumbasteln an Motoren magisch in den Bann zog. Deshalb begann er die Dörfer der näheren Umgebung abzuklappern, kaufte den Bauern uralte Motorräder und Automobile ab und machte sich daran, sie zu restaurieren, um sie dann zu verkaufen oder einzutauschen. Die Idee zu einer Ausstellung war irgendwann geboren und sollte 1992 mit der Eröffnung des Museums in Fichtelberg den offiziellen Startschuss erhalten.

Seitdem ist viel Zeit vergangen und das Museum immens gewachsen, ebenso die Zahl der Schätze, die es beherbergt. Das Erstaunliche ist, dass jedes der hier ausgestellten Exponate auch heute noch komplett fahrbereit und in bestem Zustand ist. Beim Besuch der imposanten Ausstellung merkt man eines schnell: Viele Besucher sind keine Fachleute. Eher Eltern und Sprösslinge, die einmal erfahren wollen, wie und mit welchen Autos Generationen vor ihnen damals unterwegs waren. Und die Bandbreite, die hier gezeigt wird, ist immens: Der Zeitraum umfasst die Jahre 1898 bis 2002, und vom Sportwagen über das Feuerwehrauto bis zur Limousine, vom Kleinwagen bis zum Elektroauto ist alles vorhanden. Einen Schwerpunkt bilden italienische Marken, darunter Prototypen von Maserati, Ferrari und Co. Dazu kommen noch andere Kraftpakete: Hubschrauber, Jets oder auch alte Traktoren. Natürlich lebt die Ausstellung und verändert sich ständig. Liebhaber von exklusiven Modellen zahlen jeden Preis, um eines der Unikate zu erwerben.

Automobilmuseum Fichtelberg · Öffnungszeiten s. Homepage
Nagler Weg 9–10 · 95686 Fichtelberg · Tel. 09272/60 66 · www.amf-museum.de

BEI SCHNEEWITTCHEN DAHEIM IN LOHR

43

Wetten, dass jedes Kind Maria Sophia Margaretha Catharina von Erthal kennt? Vielleicht nicht unter diesem Namen. Gewiss aber als Schneewittchen. Und niemand anderes war Maria Sophia Margaretha Catharina von Erthal. Die schwarzhaarige Schönheit wurde 1725 in Lohr geboren und lebte im dortigen Schloss.

So erzählen es die Lohrer noch heute. Und schaut man ihnen in die Augen, ist klar: So und nicht anders war das. Die Wälder im Grimm'schen Märchen? Der Spessart. Die Zwerge? Die kleinwüchsigen Bergleute in Bieber. So heißt der Weiler am Ende des Höhenzuges über – selbstverständlich – sieben Spessart-Bergen. Der Spiegel? Von 1698 bis 1806 war – fürwahr! – die Kurmainzische Spiegelmanufaktur in Lohr am Main ansässig. Aber sprechend? Die Lohrer Spiegel waren bekannt für ihre in die Umrandungen eingravierten Sprüche. Der gläserne Sarg? Im Nordspessart gab's reichlich private Glashütten. Und der Apfel? Die Hänge um Lohr waren voll von Streuobstwiesen.

Und weil das alles so ist, haben die Lohrer in besagtem Schloss ein Museum eingerichtet und einen Raum voll und ganz dem schönen Schneewittchen gewidmet. Schließlich hat 1986 der Lohrer Apotheker und »Fabulologe« Dr. Karlheinz Bartels die Geschichte wissenschaftlich bewiesen. Auch die Geschichte von, nennen wir sie kurz Maria von Erthal: ein den Königshäusern naher Papa, eine biestige, die Kinder aus erster Ehe bevorzugende Stiefmutter – alles historisch belegt.

Im Spessart-Museum erwartet Sie, neben wertvollem regionalem Kunsthandwerk, im Schneewittchen-Kabinett dennoch keine schnöde Sammlung irgendwelcher Fundstücke, sondern ein begehbares Luftschloss, das alle Sinne fordert: Hören, Sehen, Fühlen, Riechen – und vor allem Staunen. Da dürfen Klein und Groß mal den Kopf durch die lebensgroße Schneewittchen-Figur recken, zwischen unterhaltsamen Video-Animationen wählen und freilich auch in den berühmten Spiegel schauen. Und jeden zweiten und vierten Sonntag im Monat gibt's nachmittags um drei eine Märchenstunde.

Spessart-Museum · Di–Sa 10–16, So 10–17 Uhr · Schlossplatz 1 · 97816 Lohr am Main
Tel. 09353/793 23 99 · www.spessartmuseum.de · Stadtbus bis Krankenhaus

44	Die Heimat des Kastraten	S. 86
45	Uralte Dämonen in Großbirkach	S. 88
46	Kirchenfenster lettischer Emigranten	S. 90
47	Kopf ab! Grausames in Pottenstein	S. 92
48	In Selb lodern die Flammen	S. 94
49	Zeitreise durchs bäuerliche Leben	S. 96
50	Chorgesang in Feuchtwangen	S. 96
51	Auf den Spuren von König Artus	S. 98
52	Eine Kirche als Schutzort	S. 100
53	Die cleveren Herren von Altenstein	S. 102
54	Träumen auf dem Bergfried	S. 104
55	Deutsch-deutsche Geschichte	S. 106
56	Kelten und Grafen am Schwanberg	S. 108
57	Kunst zwischen Nürnberger Gräbern	S. 110
58	Täuschungen der Sinne im Turm	S. 112
59	Die Bratwurst und das Lochgefängnis	S. 114
60	Kunstschätze tief im Fels	S. 116
61	Kriminelles und Katastrophen	S. 118
62	Von Frauen und auch für Männer	S. 120
63	Der Herr der 200 Fahrräder	S. 122
64	Wo aus Träumen Grauen wurde	S. 124
65	Die Kapelle im Bamberger Schloss	S. 124
66	Auf den Spuren Barbarossas	S. 126
67	Ein trauriges Stück Kissinger Geschichte	S. 128

44 DIE HEIMAT DES KASTRATEN

Was haben die Pyramiden von Gizeh und die Chinesische Mauer mit dem Bayreuther Opernhaus gemeinsam? Sie alle wurden von der UNESCO als »Weltkulturerbe« ausgezeichnet. Nicht Wagners Festspielhaus bekam das begehrte Prädikat, sondern das markgräfliche Opernhaus, das der Stadt barocken Glanz verleiht.

In der kleinen Residenzstadt Bayreuth steht ein Bau, den man in dieser Größe und Pracht hier nicht vermuten würde. Markgräfin Wilhelmine, eine leidenschaftliche Musikliebhaberin, forderte und unterstützte für die Hochzeit ihrer Tochter Elisabeth Friederike mit Carl Eugen von Württemberg die Errichtung eines Opernhauses, das ab 1744 in vier Jahren entstand. Einweihung und Hochzeit sollten das größte Fest werden, das Franken je gesehen hatte. Bemerkenswert ist schon allein die Fassadengestaltung, die in einer Reihe mit berühmten europäischen Bauten zu sehen ist: Die Gliederung der Front durch vier Säulen und drei Arkadenbögen ist am besten zu vergleichen mit der wenig später erbauten Mailänder Scala. Bis heute zählt der Bau zu den wenigen im Original erhaltenen Theater- und Opernhäusern in Europa.

Aushängeschild aber ist der komplett aus Holz gebaute Bühnen- und Zuschauerraum. Eine solch geballte Prachtentfaltung und Eleganz auf verhältnismäßig kleinem Raum gibt es nur selten zu sehen. Bis heute ist das architektonische Kleinod in seiner ursprünglichen Form und Gestalt erhalten geblieben. Dem breiten Kinopublikum ist das Haus spätestens seit 1994 bekannt. Damals drehte der belgische Regisseur Gérard Corbiau das Kostümepos »Farinelli, der Kastrat«, die Geschichte von Carlo Broschi, unter dem Künstlernamen Farinelli einer der berühmtesten Sänger der Barockzeit. Ein Großteil der Szenen entstand in Bayreuth und hier im prächtigen Opernhaus.

Das Theater eröffnete nach einer behutsamen Renovierung im Frühjahr 2018 wieder und strahlt seither im originalen Glanz. Aber auch der Blick auf die historische Fassade ist den Besuch wert und lässt Gefühle aufkommen, als stünde man auf der Piazza in Italia.

Markgräfliches Opernhaus Bayreuth · Opernstr. 14 · 95444 Bayreuth · Tel. 0921/75 96 90
https://bayreuth-wilhelmine.de · Bus 302 Luitpoldplatz, ab Hauptbahnhof 10 Min. Fußweg

URALTE DÄMONEN IN GROSSBIRKACH

45

Kleine Kirche, große Kunst. So ein bisschen mögen sie's in dem Örtchen eben gern größer: Großbirkach hat 81 Einwohner – und ist, ja, im Vergleich zu Kleinbirkach tatsächlich eine Metropole. Mit einer beachtenswerten, St. Johannes dem Täufer gewidmeten Kirche, die 1352 erstmals urkundlich erwähnt wurde.

Und wahrlich nicht ganz alltäglich ist. Das fängt schon beim Standort an, an dem früher eine heidnische Kultstätte gewesen sein soll. Unterhalb der Kirche entstand um 1300 ein Kloster, das aber nur bis 1360 existierte. 1533 erwarben die Herren von Crailsheim Großbirkach und brachten die Reformation in Ort und Kirche. Bis heute sind beide eine evangelische Enklave in der stark katholisch geprägten Gegend um Ebrach.

Noch ungewöhnlicher beinahe ist das strenge Zickzackmuster um das Portal, Vergleichbares gibt es in Franken nur noch am Bamberger Dom und an der Kirche Bronn an der Pegnitz. Im Inneren dominieren die übereinanderliegenden Emporen aus dem 18. Jahrhundert und ein wuchtiger Bogendurchgang zwischen Kirchenschiff und Altarraum. Der Altar selbst ist ein einfacher romanischer Steintisch. Die Kanzel, die Jesus und die vier Evangelisten zeigt, wurde im 17. Jahrhundert aus Untersiemau hierher verfrachtet.

Der berühmteste Kunstschatz freilich findet sich im Chorraum: das Taufbild, das als älteste figürliche Steinplastik im gesamten fränkischen Raum gilt. Es stammt aus dem 11. Jahrhundert vom Münsterschwarzacher Abt Wolfher und zeigt Johannes den Täufer sowie zwei unbekannte Männer, die sich mutmaßlich vom heidnischen Glauben ab- und dem christlichen zuwenden. Das Relief war wohl ein Einweihungsgeschenk, und daher lässt sich die unerforschte Frühgeschichte der Kirche auf rund zwei Jahrhunderte vor der ersten Erwähnung datieren. Zumal der Turm als ältester Teil des Baus etwa 1035 fertiggestellt wurde, worauf zwei eingemauerte Steinplastiken hinweisen, die zwei grob gefertigte Dämonen zeigen. Das schreckt aber Gläubige keineswegs ab: Jeden zweiten Sonntag findet um 10 Uhr ein Gottesdienst statt.

Kirche St. Johannis · im Sommer tagsüber geöffnet (sonst öffnet Familie Fleischmann im Haus nebenan) · Gemeinde Großbirkach · Emil-Kemmer-Str. 4 · 96157 Großbirkach · Tel. 09553/1084

46 KIRCHENFENSTER LETTISCHER EMIGRANTEN

Sie ist karg, evangelisch eben. Sie ist gotisch und alt: Aus dem 13. Jahrhundert stammt die Deutschhauskirche. Sie liegt am steil zum Main abfallenden Zeller Berg. Aber nicht das macht sie einzigartig. Die Magie der ältesten nicht zerstörten Kirche Würzburgs erschließt sich erst beim Blick hinter den Altar: die Fenster sind's.

Die drei Chorfenster in der Mitte unterscheiden sich stark von den anderen, sie wirken durch ihre Kleinteiligkeit und den damit einhergehenden hohen Anteil schwarzer Konturen recht düster – und doch zugleich unglaublich filigran. Sie sind Letten zu verdanken. Als um 1920 zahlreiche deutsche Adelige aus Lettland emigrierten, setzte die erste, noch heute bestehende Verbindung zwischen der Deutschhauskirche und Lettland ein. Kurz nach Gründung der Deutschhausgemeinde 1922 stiftete das deutsch-baltische, aus Riga stammende Ehepaar Berens von Rautenfeld 1924 die drei Fenster. Die vom Expressionismus geprägten und an mittelalterliche Glasfenster anknüpfender Entwürfe hatte die damals 24-jährige Elisabeth Coester (1900–1941) aus Barmen geliefert – für die Zeit eine mutige Entscheidung der Verantwortlichen. Da die Fenster bereits vor dem 16. März 1945 ausgebaut worden waren, überstanden sie die Zerstörung Würzburgs unversehrt.

> Im Torbogen neben der Kirche ist der Eingang einer spätromanischen Kapelle, 1220 erbaut als Chorraum der damaligen staufischen Königshofkapelle.

Während des Zweiten Weltkriegs mussten erneut zahlreiche Deutschstämmige Lettland verlassen. So entstand auch in Würzburg eine starke lettische, evangelisch-lutherische Kirchengemeinde. 1985 bestickten deutsche und lettische Frauen einen sogenannten Kelimteppich als Zeichen protestantischer Verbundenheit beider Länder; auch er ist in der Deutschhauskirche zu sehen, im Keller des Gemeindehauses. Ende des 20. Jahrhunderts schließlich brachten sich junge Letten in die Chorarbeit der Kirche ein – und haben damit eine zwar noch junge, aber sehr intensiv gelebte Tradition initiiert.

Deutschhauskirche · Mo–Sa 10–17, So 9.30–11 Uhr · Schottenanger 13 (Eingang Zeller Str.) 97082 Würzburg · Tel. 0931/41 78 94 · www.deutschhauskirche-wuerzburg.de · Bus 7 Wörthstraße

Scharfrichter Museum

KOPF AB! GRAUSAMES IN POTTENSTEIN

Dass sich in dem Haus Besonderes verbirgt und dieses Besondere dem Besucher auch zur Schau gestellt wird, ist schon von außen klar. Blutrot signalisiert das Gebäude: »Kommen Sie herein, hier werden Sie alles über einen der grausamsten Berufe erfahren, den die Zeit hervorgebracht hat!« Das Scharfrichtermuseum in Pottenstein.

Also, wer meint, ein Gruselkabinett besuchen zu können, ist in dem Museum gleich neben der Stadtkirche St. Bartholomäus fehl am Platze, wenngleich auch hier der Schauder garantiert ist. Dennoch sollen Sie sich aber nicht erschrecken, sondern Informationen über Folterinstrumente und deren grausame Geschichten erhalten und über damit verknüpfte menschliche Schicksale nachdenken. Die skurrile Touristenattraktion in der Fränkischen Schweiz ist nur wenigen bekannt. In fünf Museumsräumen finden sich weit über 100 Folter- und Mordwerkzeuge, allesamt voll funktionsfähig – von der Streckbank bis zur rasiermesserscharfen Guillotine. Jahrelang wurden diese Instrumente in der ganzen Welt gesammelt, teilweise sind es brutale Raritäten, wie die »Spanische Spinne«, die dem Menschen mit Widerhaken auf und in die Haut gesetzt wurde. Wir erfahren, was längst verklungene Begriffe bedeuten, was es beispielsweise damit auf sich hatte, wenn der Scharfrichter »butzte« und warum die Bevölkerung dann drauf und dran war, ihn zu lynchen. »Butzen« hieß, dass der Henker patzte und mehrfach mit dem Schwert ansetzen musste. Das wurde von den Zuschauern nicht toleriert, während eine glatt verlaufende Exekution dem Scharfrichter Applaus einbrachte. Spätestens beim Skelett des irischen Serienmörders William Burke, der im 19. Jahrhundert 16 Menschen ermordete und am 28. Januar 1829 in Edinburgh gehenkt wurde, stellt sich der Schauder ein, den das Haus schon von außen signalisiert. Das Skelett ist echt. Aber das Original wird im Museum in Edinburgh ausgestellt. Was es damit auf sich hat? Das wird hier nicht verraten – aber das blutrote Haus in Pottenstein wird es Ihnen erzählen.

Scharfrichtermuseum Pottenstein · Ostern–31. Okt. Di–So 10–12, 13–17 Uhr
kein Eintritt für Kinder unter 12 Jahren · Hauptstr. 16 · 91278 Pottenstein · Tel. 09222/99 04 13
www.scharfrichtermuseum.de

48 IN SELB LODERN DIE FLAMMEN

Auch nach 300 Jahren Tradition ist Porzellan nach wie vor so ästhetisch wie nur wenige andere Produkte. Und es erzählt noch heute Geschichten vergangener Generationen, über deren Lebenswelten, Ess- und Tischkulturen. Der Bildsprache des Porzellans hat man im oberfränkischen Selb ein Museum gewidmet – das Porzellanikon.

Europas größtes Spezialmuseum für Porzellan versteckt sich auch im oberfränkischen Selb (ein weiterer Standort ist in Hohenberg an der Eger). Der Besuch bedeutet nicht nur eine Zeitreise durch die Jahrhunderte, sondern ist auch eine Demonstration, dass Porzellan bis heute Lifestyle pur ist, eine Symbiose aus Nützlichkeit und Schönheit. Nur: Wie die ästhetischen Dinge entstehen, die Tassen, Teller, Terrinen, aus denen wir essen und trinken, ist weniger bekannt. Genau das aber kann der Besucher im Porzellanikon erfahren. Mit welchem immensen Aufwand die Porzellanherstellung verbunden ist, angefangen von den unscheinbaren Rohstoffen Kaolin, Quarz und Feldspat bis hin zum fertig dekorierten und verzierten Stück – in Selb wird das alles greifbar.

Das Porzellanikon befindet sich in der 1969 stillgelegten Rosenthal-Fabrik, einem burgähnlichen Gebäude mit einem Gewirr an Räumen und mächtigen Schloten. An zahlreichen interaktiven Stationen können Sie selbst Hand anlegen und auf diese Weise hautnah den Werkstoff erleben. Im Zentrum ein imposanter historischer Brennofen, dessen lodernde Flammen die einzelnen Bestandteile zu etwas Neuem, Widerstandsfähigem, Edlem verbinden. Damit hier nicht genug. Sie werden zudem auf eine Zeitreise durch die letzten 25 Produktionsjahre geschickt. In dem Vierteljahrhundert moderner Nutzung entfaltete Porzellan nicht nur in verzierten Figürchen und Tellern seine Ästhetik, sondern wurde im technischen Alltag bis heute unentbehrlich: Strom wird mit Isolatoren aus Porzellan weitergeleitet, technische Keramik bremst die schnellsten Flitzer sicher aus und sichert als Knie- oder Hüftgelenk unter härtesten Belastungen die Beweglichkeit von Patienten.

Porzellanikon Selb · Di–So, Fei 10–17 Uhr · Werner-Schürer-Platz 1 · 95100 Selb
Tel. 09287/91 80 00 · www.porzellanikon.org

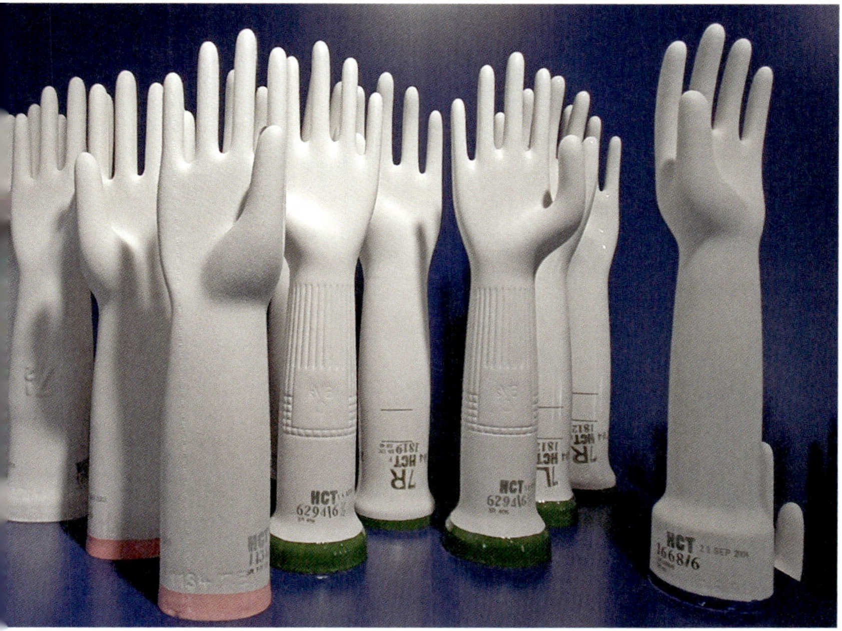

Sängermuseum

ZEITREISE DURCHS BÄUERLICHE LEBEN

Fast scheint's, als habe hier gestern erst der Bauer sein Werkzeug aus der Hand gelegt. Die Museumsscheune Glump und Krempel im Allersberger Ortsteil Lampersdorf ist ein Sammelsurium aus dem ländlichen Leben der letzten 150 Jahre. Werkzeuge, Kannen, Körbe, Nähmaschinen oder Spinnräder sind in zwei Haupträumen und einigen Nischen nach Themen geordnet ausgestellt. »Alles Sachen, mit denen unsere Generation noch gelebt hat«, sagt Brigitte Brandl, deren inzwischen verstorbener Mann Toni alles zusammengetragen hat. Nun führt Sohn Werner die Ausstellung. Sie sperrt auf, wenn Sie bei ihr klingeln, Öffnungszeiten gibt es nicht. Dafür alte Traktoren und eine alte Schulbank mit Tintenfass, Feder und Bücherranzen. Dieser Streifzug lehrt vor allem eines: Demut vor der Arbeit unserer Eltern und Großeltern.

Museumsscheune Glump und Krempel · ganzjährig n. Vereinb. · Tel. 09176/509 60
Lampersdorf 10 · 90584 Allersberg · www.allersberg.de

CHORGESANG IN FEUCHTWANGEN

»Im Gesange wirkt die magische Kraft der Musik«, meinte schon der Dichter-Musiker E.T.A. Hoffmann. Und genau dieser Magie widmet sich das Sängermuseum in Feuchtwangen, das einzige Chormuseum in Deutschland. An der Fassade dunkles Grün, drinnen knalliges Orange und 1300 Regalmeter hinter Glas. Alexander Arlt kümmert sich im Auftrag der Stiftung des deutschen Chorwesens um Dokumente: Liederbücher, Urkunden, Bilder, Fahnen, Medaillen und vieles mehr. Los ging's 1989, noch als Museum des Fränkischen Sängerbundes. Heute rundet eine audiovisuelle Show die Sammlung ab. Spektakulär sind die Bilder monumentaler Massen-Chorveranstaltungen der NS-Zeit. Ebenso beeindruckend: die vielen, farbenprächtigen Standarten.

Sängermuseum · Mi–Fr 10–12 und 14–17 Uhr, Wochenende und Feiertage für Gruppen ab 10 Personen nach Vereinbarung · Am Spittel 4–6 · 91555 Feuchtwangen
Tel. 09852/48 33 · www.saengermuseum.de · Busse 805, 813 Mooswiese

AUF DEN SPUREN VON KÖNIG ARTUS

51

Wolfram von Eschenbach, Artus, Götz von Berlichingen – große Namen fallen in einem Atemzug mit dieser Ruine: die Burg Wildenberg. Nahe der baden-württembergischen Grenze thront sie auf dem Schlossberg. Für den steilen Aufstieg entlohnen ein imposantes Kulturdenkmal und ein schier unendliches Panorama.

Preunschen muss man finden. Und die Burg Wildenberg auch. Von Amorbach schlängelt sich das Landsträßchen Richtung Kirchzell-Preunschen. Und immer wieder mal spitzt das trutzige Gemäuer auf dem Berg zwischen den Bäumen durch. Da oben also, da soll Wolfram von Eschenbach sein Artus-Epos »Parzival« geschrieben haben. Oder diktiert, denn schreiben konnte er nicht. Einst war die große Burg Wildenberg, auch Wildenburg genannt, gar nicht so wild, eher ein fürstliches Palais mit einer wunderschönen Aussicht über die sanften Hügel des Odenwaldes. Ein Ort der Muße. Ein Ort, der Eschenbach als Vorlage für seine Gralsburg gedient haben dürfte.

> Ein originalgetreues Modell der Wildenburg in ihrer prächtigsten Bauphase steht im Watterbacher Haus in Preunschen (www.watterbach.de).

Und ein Ort, der heute wieder der Natur gehört. Nur zum großen Tor hin haben die Waldarbeiter freie Sicht gelassen. Hinter der Durchfahrt öffnet sich der Blick auf die Überreste des herrschaftlichen, 200 Quadratmeter großen Saales, auf feingliedrige Fensterarkaden, den mit neun Quadratmetern gewaltigen Kamin und natürlich den 25 Meter hohen Bergfried. Zur Zeit der Staufer um 1200 erbaut, haben die Herren von Dürn nicht unbedingt gespart – um alsbald zu erkennen, dass Geld endlich ist. Allerlei Grafen und Bischöfe ließen nach dem Zwangsverkauf weiterwerkeln, bis die Burg im 15. Jahrhundert erst so richtig protzig ausgestaltet wurde. Na ja, und dann kam der berühmte Götz von Berlichingen und fackelte 1525 alles wieder ab. Für den Wiederaufbau fand sich niemand, macht nichts: Hier oben können Sie im 21. Jahrhundert Geschichte fühlen.

Burg Wildenberg · ganzjährig geöffnet · Führung nach Vereinb. · Kirchzell-Preunschen
Tel. 09737/974 30 · www.kirchzell.de

52 EINE KIRCHE ALS SCHUTZORT

»Groß und mächtig, schicksalsträchtig« – diese Zeilen gelten bekanntermaßen ja dem Watzmann. Und doch gehen sie einem durch den Kopf beim schweißtreibenden Aufstieg durch die Gassen des 600-Einwohner-Nests Urphar. Denn irgendwie scheint die Wehrkirche St. Jakob viel zu groß für den kleinen Ort. Imposant eben.

Und so spitzt irgendein Teil des bereits um 800 entstandenen, gelb getünchten Wehrturmes auch immer hervor, egal, ob der Steig jetzt ein bisschen nach links oder rechts knickt. Enttäuscht brauchen Sie nicht zu sein, wenn Sie oben an einer Bruchsteinmauer ankommen und das zweiflügelige Holztor verschlossen vorfinden: Dahinter verbirgt sich nicht nur St. Jakob, sondern auch ein Friedhof – und der ist tagsüber immer offen. Nicht so die Kirchenpforte. Weshalb recht häufig ein Anruf bei Heinz Teslinki oder einem seiner Mitstreiter nötig ist, um ein bisschen mehr über das Bauwerk aus dem 13. Jahrhundert zu erfahren – und die karg-rustikale Innenausstattung besichtigen zu können.

Sie werden sehen, dieses genauere Hinschauen lohnt sich: Eindrucksvolle Fresken aus der Zeit um 1300 zieren den rot-weiß eingefassten Altarraum: Christus in der Mandorla, umgeben von den Evangelisten-Symbolen. Darunter lässt ein kleines, buntes Rosettenfenster Licht herein. So schmächtig der Altar selbst ist, so wuchtig wirken die von bemalten Wänden flankierten dunklen Eichenbänke auf beiden Seiten des Kirchenschiffes, die tatsächlich knapp 750 Jahre auf dem Buckel haben. Das Gotteshaus strahlt Anmut aus, obwohl frei von Protz und Prunk. Seine Zweckmäßigkeit kommt nicht von ungefähr: Die Jakobskirche diente mit ihren trutzigen Mauern den Menschen im Mittelalter als Fluchtort bei Unwettern oder Angriffen. Kein Wunder also, dass es hier auch ein Netz geheimer unterirdischer Zugänge gibt. Heute benutzen die Besucher freilich die Hauptpforte: zum regelmäßigen evangelischen Gottesdienst und zu Konzertabenden. Bisweilen steht dann die imposante, 1780 von Johann Conrad Wehr erschaffene Orgel im Mittelpunkt.

St. Jakob · Gottesdienst 14-tägig So 9 u. 10 Uhr · sonst Besichtigung n. Vereinb.
Tel. 09342/234 99, 09342/381 80 · Wehrkirchstr. 14 · 97877 Wertheim · www.tourismus-wertheim.de

53 DIE CLEVEREN HERREN VON ALTENSTEIN

Schutt und Asche, mehr war nicht übrig von Burg Altenstein nach der Zerstörung im Dreißigjährigen Krieg vor 400 Jahren. Das letzte Rauchwölkchen war noch nicht verzogen, da war den Eigentümern, den Herren von Stein, bereits klar: Die Zeiten der Burgen sind vorbei, bauen wir uns lieber ein Schloss.

Das steht drunten im Weisachtal, in Pfaffendorf. Und ist heute nicht halb so spannend wie diese Ruine 150 Meter höher auf dem Galgenberg. Die Aussicht durch die Reste der Fensterbogen ist herrlich – der Blick schweift über die Haßberge und bis in die Rhön. Ein wenig von dem herrschaftlichen Landsitz aus dem 13. Jahrhundert blieb freilich übrig: die Grundmauern der 1438 erbauten und als Meisterstück fränkischer Gotik geltenden Kapelle, eine Brücke, Wehrmauern und Türme sowie das geduckte Gewölbezimmer, in dem sich Verliebte in mittelalterlicher Kulisse das Jawort geben können.

Ganz so romantisch ging's nicht immer zu auf diesem von mehreren Familienzweigen bewohnten Ansitz – 1441 musste ein Burgfriedensvertrag fürs geordnete Miteinander sorgen. Seit 1525, als die Burg im Bauernkrieg erstmals zerstört wurde, ging's bergab mit den Steins. Die aber waren Ende des 17. Jahrhunderts immerhin pfiffig genug zu erkennen, dass die Würzburger Fürstbischöfe sie nur deshalb zum Wiederaufbau ihrer im Dreißigjährigen Krieg erneut malträtierten Feste ermunterten, um eine Bastion gegen Bamberg zu errichten. Burgen als Statussymbol hatten ausgedient, und Starkregen höhlte den Hügel aus, sodass Mauerwerk abrutschte. 1875 verschied mit Karl der letzte der Herren von Stein. Da lebte auch der berühmteste Altensteiner schon 48 Jahre nicht mehr: Joseph Brunner, mit 120 Lenzen einer der ältesten Menschen der Welt, der mit 98 noch Vater geworden sein soll – und regelmäßig zur Ruine hinaufstapfte. Auch ihn dürften neben der Aussicht die verwinkelten Pfade gelockt haben. Heute gibt's für kluge Köpfe ein Burgenschach, und Kinder dürfen Nachbildungen alter Schätze zusammensetzen.

Burgruine Altenstein · Apr.–Sept. 8–21 Uhr, Okt.–März 9–17 Uhr; Infozentrum Osterferien, Mai–Sept. Mi–So und Feiertage 10–17 Uhr, Okt.–Apr. Sa, So, Feiertage 10–17 Uhr
96126 Maroldsweisach-Altenstein · Kontakt: Burg- und Heimatverein
Tel. 09535/188 98 92 · www.burg-altenstein.de

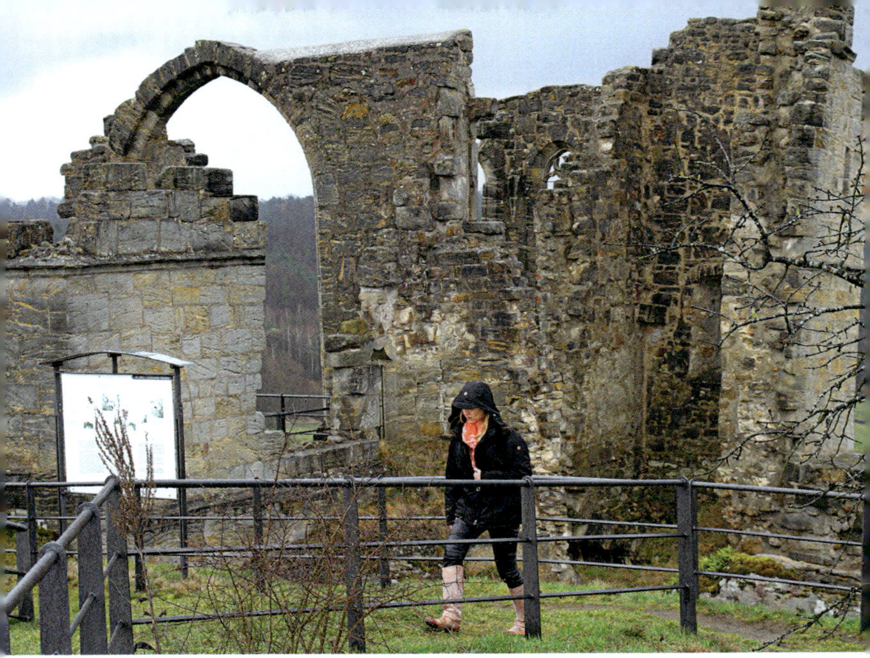

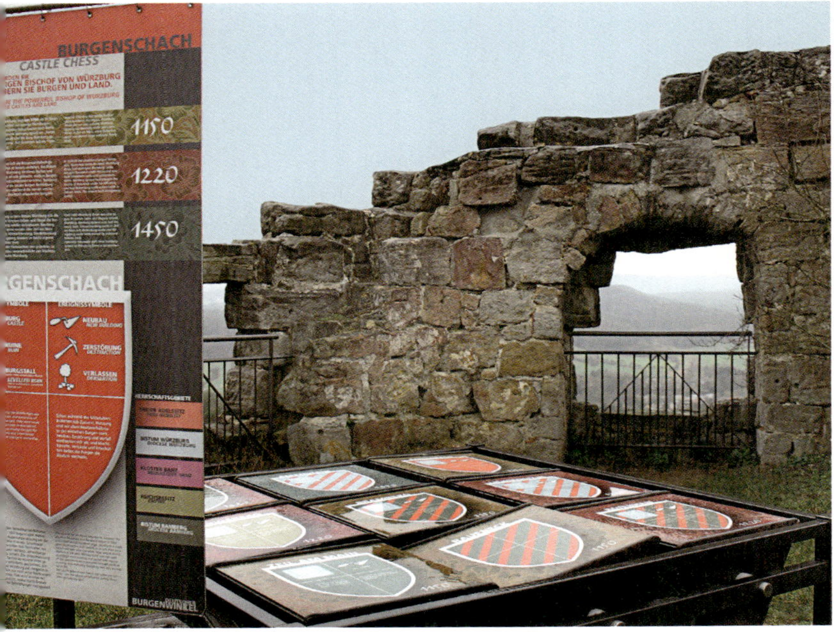
BURGENSCHACH
CASTLE CHESS
1150
1220
1450
GENSCHACH
NEUBAU
ZERSTÖRUNG
VERLASSEN
BISTUM WÜRZBURG
BISTUM BAMBERG
BURGENWINKEL

TRÄUMEN AUF DEM BERGFRIED

54

König Ludwig I. ist schuld. Er hat an der Henneburg das Gros der dahingammelnden Bundsandsteinformationen im 19. Jahrhundert absichern lassen. Und so ermöglicht, dass heute konditionsstarke Besucher auf eigene Faust beide Türme besteigen und Kids durch den stockdunklen, unterirdischen „Geheimgang" kraxeln können.

Hat schon was, dieses Stadtprozelten: hier der Main, da der steil aufragende Kühlberg, Fachwerkhäuser und wild verwinkelte Gässchen. Viele biegen auf den Burgweg, am abenteuerlichsten ist die Große Steig, die sich der Henneburg entgegenreckt. Droben angekommen, sollte der Blick in die Ferne schweifen. Die Eindrücke borden über angesichts der architektonischen Vielfalt dieser staufischen Ruine der Schenken von Limpurg. Im Jahr 1127 begannen sie den Bau der bewehrten Burg, die im 14. Jahrhundert dem Deutschen Orden zufiel, der ihr in 150 Jahren Besitztum ihr gotisches Gesicht gab. Bauern- und Dreißigjähriger Krieg setzten der Henneburg jedoch zu, die seit etwa 1700 als Ruine gilt. Bis Ludwig I. das Nötigste instand setzte. Das hübscheste Motiv gibt heute der Eingang zur Vorburg ab, ein fast filigraner gotischer Bogen mit Türmchen und Mauer. Dahinter erheben sich die Bergfriede und die wuchtigen Mauern des östlichen und des westlichen, besser erhaltenen Palas. Die Bergfriede sind während der Greifvogelbrut im Frühjahr für Publikumsverkehr gesperrt, in den Sommermonaten bietet sich jedoch ein traumhafter Blick über das Maintal und den Odenwald. Wenn Sie es etwas gruseliger haben wollen, empfiehlt sich die Erkundung des unterirdischen Wehrgangs, der sich vom westlichen Haupttor über 150 Meter bis zur nördlichsten Ecke erstreckt. Begehbar ist er durch Abgänge in den Mauertürmen.

Rund um den Kühlberg führt ein gut sieben Kilometer langer Wanderweg. Idealer Ausgangspunkt ist der Gasthof Waldeck in Neuenbuch, wo auch der Besuch der kleinen Kirche lohnt. Über die Burg und den Stadtprozeltener Ortsteil Brasselburg geht's zurück zum Gasthof mit Wild aus eigener Jagd.

Henneburg · ganzjährig geöffnet, Eintritt frei ·
Führungen auf Anfrage bei Monika Kirchner-Kraft · 09392/77 94 o. 0175/123 68 17
Neuer Weg · 97909 Stadtprozelten · www.stadtprozelten.de

55 DEUTSCH-DEUTSCHE GESCHICHTE

Ungläubiges Kopfschütteln: Was muss in Köpfen vorgegangen sein, die eine Grenze durch ein Land ziehen ließen? Auf 1200 Kilometern trennte stählerner Zaun die Menschen. Rund 300 Meter stehen noch im Grabfeld. Bei Trappstadt wurde schlicht vergessen, ein schauerliches Erinnerungsstück abzubauen.

Doch die von Betonstelen getragenen 3,20 Meter hohen, zwar verrosteten, aber immer noch stabilen Gittermatten sind nicht das einzige Relikt der 1990 beendeten deutsch-deutschen Geschichte. Zwischen Unterfranken und Thüringen zieht sich ein Band von Fahrspurplatten der einstigen Kolonnenwege durch die Natur. Wanderern wird empfohlen, sich nicht weit davon zu entfernen; es könnten hier noch Blindgänger der rund 60 000 Minen der Region um Trappstadt liegen. Dennoch lohnt der zehn Kilometer lange Grenzgängerweg. Der interessanteste Teil, rund um den Aussichtsberg Spanshügel, beginnt an einer Kreuzung zwischen Trappstadt und Schlechtsart, dort, wo eine witzige Telefonanlage die Ost-West-Kommunikation illustriert.

Die Gemeinden zieren sich, diese Erinnerungen zu vermarkten, die Ausschilderung ist ausbaufähig. Weshalb sich ein Gang ins Grenzgänger-Museum im nahen Bad Königshofen empfiehlt, das auch gefunden werden will: Im historischen Getreidespeicher ist das archäologische Museum der Stadt, im anschließenden Salzhaus erklärt Museumsleiter Andreas Rottmann, was eine Grenze für die Region bedeutet. Hier finden Sie Grenzpfosten, Schilder oder ein Besteck von der Speisung am Tag des Mauerfalls, und Körpersilhouetten symbolisieren die daneben illustrierten Einzelschicksale.

»Wir wollen die deutsch-deutsche Geschichte greifbar machen«, sagt Rottmann, der auf Anfrage geführte Ausflüge zur ehemaligen Zonengrenze anbietet. Nach Zimmerau zum Bayernturm oder nach Eußenhausen, wo neben einem Schlagbaum ein Skulpturenpark entstanden ist. Am liebsten fährt er aber mit den Besuchern zum Grenzstreifen bei Trappstadt.

Museum für Grenzgänger · Di–So 14–17 Uhr, Montag Ruhetag
Martin-Reinhard-Str. 9 · 97631 Bad Königshofen
Tel. 09761/39 79011 · www.museum-fuer-grenzgaenger.de

KELTEN UND GRAFEN AM SCHWANBERG 56

Der Schwanberg ist ein Ort der Besinnung. Er bietet ein sagenhaftes 360-Grad-Panorama. Spazierengehen auf dem Schwanberg-Plateau ist aber auch ein Streifzug durch die Geschichte: von den Kelten bis ins 20. Jahrhundert, in dem Alexander Graf zu Castell-Rüdenhausen den prächtigen Schlosspark anlegen ließ.

Die Wege auf dem Schwanberg sind zeitlich gestaffelt, der abwechslungsreichste nimmt eineinhalb Stunden in Anspruch. Und entschädigt Sie für die Mühe mit einem Historienbilderbogen. Bunt wird's gleich rund hundert Meter hinter der evangelischen Kirche: in dem um 1920 angelegten Schlosspark. Neptun wacht im riesigen Brunnen über der Blütenpracht ringsum. Rechts, bei den Arkadengängen, erhebt sich ein bronzener Hirsch. Links führen Steinstufen hinunter in den Wald mit einer Lichtung, dem Alpinum: Schlossherr zu Castell-Rüdenhausen ließ einen Steinbruch kunstvoll mit alpinen Pflanzen ausgestalten; heute ist davon allerdings nicht mehr viel zu sehen. Zurück, eine Etage höher, führt eine Allee zum Mausoleum mit seiner roten Kuppel; hier liegen der Graf und seine Familie begraben. Dahinter taucht ein schmaler Pfad in den Wald – und in die Zeit der Kelten. Die nutzten die nach drei Seiten durch steil abfallende Hänge natürlich geschützte Lage des Schwanbergs als Zufluchtsort. Die flache Ostseite sicherten sie mit Steinen, Erde und Holz. Die zwei heute noch gut erkennbaren Keltenwälle lassen sich von etwa 900 v. Chr. bis ins frühe Mittelalter datieren und schützten in verschiedenen Epochen die Menschen hier oben – zuletzt vor dem Einfall der Ungarn im 10. Jahrhundert. Der Keltenerlebnisweg durch Thüringen, die Haßberge und den Steigerwald macht die Kultur dieses Volkes und seiner Druiden greifbar. Hier am Schwanberg hat es die größte Ansiedlung gegeben.

> Gehen Sie nach der Runde vorbei am Birkensee und spektakulärer Aussicht am Conradseck in den Klosterladen »Treffpunkt« – auf ein Gespräch oder ein Glas Schwanberg-Honig.

Keltenrunde und Schlosspark am Schwanberg · ganzjährig geöffnet
Klosterladen »Treffpunkt« · Di–Fr 8.30–9.30, Mi–Fr 14–16, Sa 13.30–17, So 10.30–11.30 und 13.30–16.30 Uhr · Tel. 09323/2679945 · 97348 Rödelsee · www.schwanberg.de

57 KUNST ZWISCHEN NÜRNBERGER GRÄBERN

In Wien tanzen, wie ein Lied sagt, »am Zentralfriedhof Juden mit Arabern«, in Paris schunkelt vielleicht um Mitternacht auf dem Père-Lachaise Jim Morrison mit Gilbert Bécaud. Und in Nürnberg? Da gibt's Prominente auf dem Johannisfriedhof: Albrecht Dürer liegt hier und Bildhauer Veit Stoß. Oder Rockmusiker Kevin Coyne.

Und natürlich schaut der ein oder andere Tourist vorbei, lässt sich verzaubern vom morbiden Charme der Grabmale. Seit dem 13. Jahrhundert werden hier Menschen beerdigt, anfangs Leprakranke, im 16. Jahrhundert entstand dann hinter der Kirche auch ein Pestfriedhof. Schon »a wenig« gruselig. Die touristische Stippvisite hellen aber nicht nur die zahlreichen Rosenbüsche auf, die den Volksmund vom »Rosenfriedhof« sprechen lassen.

Es sind zwei Sakralbauten, die den St. Johannisfriedhof zu einer Sehenswürdigkeit machen. Die Holzschuherkapelle liegt am östlichen Eingang und beeindruckt durch harmonische Gestaltung: An den runden Zentralbau schmiegt sich ein halbrunder Chor. Um 1506 entstand die Kapelle, ein Jahr später stifteten Petrus und Magdalena Imhoff den Auferstehungsaltar. Ins Auge sticht die Lage des kleinen Gotteshauses: etwa einen Meter unter dem Erdniveau. Grund sind die unzähligen Aufschüttungen nach Beerdigungen. Ihren Namen hat die Kapelle vom Patriziergeschlecht Holzschuher, von denen Lazarus 1523 als Erster hier zu Grabe getragen wurde. Deutlich größer ragt die im 14. Jahrhundert erbaute St. Johanniskirche aus dem Gräberensemble heraus. Sie ist die einzige Nürnberger Kirche, die im Zweiten Weltkrieg nicht zerstört wurde. Und: Die Orgel ist die einzige erhaltene der Stadt in der Bauweise des 19. Jahrhunderts. Weitaus typischer präsentiert sich der gotische Hochaltar von 1511. Die Mariengemälde stammen von Dürer-Schüler Wolf Traut. Auch wenn die beachtliche Kunstsammlung das Gotteshaus einem Museum gleichen lässt, zeigt sich die evangelisch-lutherische Gemeinde hier höchst aktiv und erfüllt die Mauern mit viel Leben.

St. Johannisfriedhof · April–Sept. 7–19, Okt.–März 8–17, 6. Dez.–6. Jan. 8–16 Uhr · Johannisstraße 90419 Nürnberg · Tel. 0911/33 05 16 · www.st-johannisfriedhof-nuernberg.de
S4, S6, Bus 34 St. Johannisfriedhof

TÄUSCHUNGEN DER SINNE IM TURM

58

»Eine der bedeutendsten Erfahrungen eines Menschen ist das Erlebnis, dass wir uns täuschen können.« So steht's im Programm des vermutlich kleinsten Science Centers der Welt. Dessen Besucher lernen, dass sie gar nicht so sehr mit der Zunge schmecken, es mit ihren Augen auch nicht weit her ist, kurzum: ihre Sinne sie täuschen.

Um die menschlichen Sinne geht es, klar: Es geht ja auch in den Turm der Sinne. Der ist klein, schmiegt sich nahe des Westtors in die Nürnberger Stadtmauer und fasst trotz seiner sechs Stockwerke gerade mal rund 30 Menschen gleichzeitig. Doch es herrscht keine bedrückende Enge in dem Gemäuer, dazu wird der Horizont zu sehr erweitert. Hier erfahren Sie, dass wir mit der Nase schmecken, schneller lesen als denken können – und dass unser Gehirn die Welt nicht einfach nur abbildet, sondern sie für uns deutet.

Wie beim Pulfrich-Effekt, der uns vorgaukelt, dass dunklere Elemente weiter entfernt sind als helle. Diese Station ist aufgebaut wie nahezu alle anderen auch: Die Tafel »So geht's« erklärt, was Sie tun müssen, »Nanu!?« beschreibt, was Sie wahrnehmen – und nimmt Ihnen damit die Sorge, bei Ihnen könne was nicht stimmen. Die Tafel »Ach so!« beschreibt das erlebte Phänomen, »Na und?« erklärt dieses. Und so kommen Sie auf Ihrer Turm-Tour aus dem Staunen nicht heraus. Star des winzigen Museums ist Heiner. Heiner ist weiß und ein, so sagt's die Tafel, Homunkulus. Eine so seltsame wie überdimensionierte menschliche Darstellung. Heiner steht für »Hirn-Erregungen des idealisierten Normalbürgers bei Empfindungs-Reizen« – seine riesigen Lippen und Hände symbolisieren das hohe Maß an Sensibilität dieser Körperteile. Vor allem aber macht es Groß und Klein Spaß, Heiner über die glatt polierte Glatze zu streicheln oder ihn an der Nase zu packen. Zwischen all den Illusionen ist reichlich Raum für interaktives Wahrnehmen. Es darf an Gewürzdöschen geschnuppert, nach Würfeln gegriffen und der höchste Ton gefunden werden. Und gelegentlich steht schon mal ein Kopf Kopf.

Turm der Sinne · Sa, So, Feiertage und in den bayerischen Schulferien Do–So 11–17 Uhr
Spittlertormauer 17 · 90402 Nürnberg · Tel. 0911/99 28 87 15 · www.philoscience.de/turmdersinne
S4, S6, Bus 36 Obere Turmstraße, U1, U11 Weißer Turm

DIE BRATWURST UND DAS LOCHGEFÄNGNIS 59

Warum ist die Nürnberger Rostbratwurst so klein? Damit sie durch die Schlüssellöcher im Lochgefängnis passt. Sagt die Sage. Das ist vermutlich Unfug. Verbucht ist aber in einer Chronik der Verzehr von 28 000 solcher Würste durch Hans Stromer, der ab 1554 wegen Hochverrats für 38 Jahre in einem Verlies dahinvegetierte.

Im Mittelalter sah Rechtsprechung noch etwas anders aus. Folter und Erzwingungshaft waren an der Tagesordnung, neben der Todesstrafe gab's Verstümmelung, Auspeitschen, Verbannung. Flugs saß ein Verdächtiger unten, im Keller unter dem alten Rathaus. Dort hatte die Stadt 1322 das Brothaus des Klosters Heilsbronn am Salzmarkt erworben, um ein Rathaus mit Stadtgericht zu errichten. Wo ein Gericht, da auch ein Gefängnis – schon waren 15 Zellen entstanden. Zwar gab's im Winter eine dürftige Beheizung und auf dem Holzlager Stroh, doch es war stockdunkel, und die Delinquenten mussten oft tagelang in gebückter Haltung angebunden ausharren – ein Martyrium für Knochen, Gelenke und Seele.

> Direkt über den Verliesen gibt's bei den »Spießgesellen« in mittelalterlichem Ambiente Ritterskost. Besonders beeindruckend sind die Spieße in zwei verschiedenen Längen.

Die Führungen durchs Gewölbe lassen schaudern. Zumal es gar nicht mal so böser Taten bedurfte, um hier zu landen. Der Verdacht der Verleumdung konnte reichen; davon zeugt noch heute die schwarze Katze als Kennzeichen auf Zellentür 12. Nummer 11 trägt den roten Hahn, das Zeichen für Brandstifter. Besonders gruselig: Die »Kapelle« – alles andere als ein Gotteshaus. Der Raum war die Folterkammer des »Lochwirts«.

Ein Geständnis war schließlich Sinn dieses Gefängnisses, denn lange Aufenthalte wie der von Hans Stromer sollten die Ausnahme sein. So war auch der prominenteste »Gast« recht schnell wieder auf freiem Fuß: Der Bildhauer Veit Stoß gab die Fälschung eines Schuldscheines zu und wurde gebrandmarkt.

Nürnberger Lochgefängnisse · März–23. Dez., Führungen 10–16.30 Uhr · Rathausplatz 2
90403 Nürnberg · Tel. 0911/231 26 90 · U1, U2, U3 Plärrer

60 KUNSTSCHÄTZE TIEF IM FELS

Nürnberg, das »Schatzkästlein des Deutschen Reiches« – so hatte sich das Adolf Hitler vorgestellt. Und schiefgelegen, wie eigentlich immer. Viel ließ der alliierte Bombenhagel von der Stadt nicht übrig. Bedeutende Kunstschätze aber überstanden den Krieg, dank eines, man mag es kaum sagen, Geistesblitzes des Unholds aus Braunau.

Denn tief im Fels des Burgbergs ließ Hitler schon zu Beginn des Zweiten Weltkriegs ein gewaltiges Stollensystem ausbauen. Bierkeller aus dem 15. Jahrhundert wurden zu Luftschutzräumen umgebaut, die weit verzweigten Gewölbe trocken gelegt und auf 18 Grad temperiert. Zwei Stollensysteme dienten der Zivilbevölkerung als Zuflucht, in einem weiteren wurde die bedeutendste weltliche und vor allem sakrale Kunst verstaut. Und so heißt dieses unterirdische Labyrinth »Historischer Kunstbunker«. Auf 900 Quadratmetern Fläche und bis zu 24 Meter unter der Oberfläche entstanden für die Rettung der Kunst zwischen 1939 und 1944 sechs Zellen. In mühevoller Kleinarbeit wurden Kirchenfenster aus dem 14., 15. und 16. Jahrhundert aus ihrem Mauerwerk gelöst und in Kisten verstaut. 1942 wurde der Marienaltar von Veit Stoß hierher gebracht – die US-Amerikaner brachten das Werk nach Kriegsende wieder an seinen Platz in der Marienkirche von Krakau.

Über 3000 Tote forderten im Januar und Februar 1945 die schwersten Angriffe der britischen und amerikanischen Luftwaffe. Doch die Kunstschätze überstanden die Brandnächte. Zu dick ist der Fels über den Gängen, die den Besucher heute fast einschüchtern. Klar, dass auch die Herrschaftsinsignien des Heiligen Römischen Reiches hier versteckt wurden, zum Teil eingemauert. Die Amerikaner suchten nach Kriegsende zunächst vergeblich, erst auf Druck verrieten die Stadtväter die geheimen Gänge. Anschließend fanden die Originale den Weg zurück nach Wien. Die Führung durch die düsteren Stollen ist eine beklemmende Zeitreise in das dunkelste Kapitel der deutschen Geschichte. Da hätte es die Dia- und Filmshows am Ende gar nicht gebraucht.

Historischer Kunstbunker · Mo–Fr 14.30–16, Sa 11.30–19, So 11.30–16 Uhr
Treffpunkt: Brauereiladen Bergstr. 19 · 90403 Nürnberg · Tel. 0911/22 70 66
www.museen.nuernberg.de · U1, U2, U3 Plärrer

Boeing B-17 über Nürnberg, Februar 1945

Foto: US Army Air Force

Zu den folgenschwersten Angriffen mit jeweils über 100 Opfern zählten:

- 29.8.1942: RAF*-Nachtangriff – 137 Tote – Südstadt, Nähe Stadtpark
- 8./9.3.1943: RAF-Nachtangriff – 316 Tote – Südstadt, Südliche Altstadt, Burg
- 10./11.8.1943: RAF-Nachtangriff – 582 Tote – Norden, Altstadt
- 3.10.1944: USAAF**-Tagangriff – 365 Tote – Südstadt, nördliche Altstadt
- 19.10.1944: RAF-Nachtangriff – 243 Tote – Südstadt, Altstadt
- 2.1.1945: RAF-Nachtangriff – 1835 Tote – Altstadt, Südstadt
- 20./21.2.1945: USAAF-Tagangriff – 1390 Tote – Südstadt, Gostenhof, St. Johannis
- 16.3.1945: USAAF-Tagangriff – 597 Tote – Südstadt, Gostenhof, Muggenhof, Thon
- 5.4.1945: USAAF-Tagangriff – 195 Tote – Südstadt, Hauptbahnhof

RAF* = Royal Air Force, USAAF** = United States Army Air Force

KRIMINELLES UND KATASTROPHEN

61

Hier gibt's Drogen. Hakenkreuzfahnen auch. Falschgeld sowieso. Und das alles im Keller unterm Rathaus. Aber natürlich gilt: Nur schauen, nicht anfassen! Denn die Fundstücke sind hinter Glas und lediglich Teil des Fürther Kriminalmuseums. Das bietet einen vergnüglichen Streifzug durch 200 Jahre Polizei und Justiz der Stadt.

Wenn Wilfried Dietsch erzählt, wird diese Geschichte lebendig. Der rüstige 1946er mit dem grauen Schnauzbart war früher Direktor der Fürther Polizeiinspektion. 2006 ging er in Ruhestand und gründete mit Kollegen einen Förderverein, der die spektakulärsten Fälle der Stadt in einer ständigen Ausstellung der Öffentlichkeit zugänglich machen wollte. Von der Pickelhauben-Ära bis in die 2000er reicht der Bogen. Zeitungsausschnitte, Bilder, Ermittlungsprotokolle, Tatwaffen, Beweismittel – so manche Kriminalgeschichte lässt den Besucher erschauern. Andere wieder sorgen für Schmunzeln.

Da ist die Geschichte eines jungen Mannes, der gemeinsam mit Mutter und Dienstmagd 1925 den Vater ermordet hatte und zum Tod durch das Fallbeil verurteilt wurde; doch man gewährte ihm seine Bitte, elegant gekleidet zur Vollstreckung zu erscheinen und den Kopf in Smoking, gestärktem Hemd und Lackschuhen zu verlieren. Richtig griffig wird's am begehbaren Tatort, wo Sie als Besucher selbst in die Rolle des Kriminalbeamten schlüpfen dürfen – natürlich liegt da auch eine »Leiche« herum.

Dietsch oder einer seiner vielen ehemaligen Kollegen, allesamt pensionierte Polizisten, schildern auch komplizierte Fälle wie den der ermordeten zwölfjährigen Carla. Das Mädchen war Opfer eines Sexualstraftäters geworden, der erst mit dem 12 396. Beweismittel, einer Zigarettenkippe, ausfindig gemacht und später überführt werden konnte. Es wird aber auch die Wirkung von K.-o.-Tropfen erklärt, Rechtsextremismus-Aufklärung betrieben und hie und da auch eine Krimilesung veranstaltet. Kinder haben ihren Spaß eher an den alten Uniformen und Polizei-Motorrädern. Und am Ende haben alle Gäste nur eine Antwort auf die Frage: »Lohnt sich Verbrechen?« – Nein!

Kriminalmuseum Fürth · So, April–Sept. 13–18, Okt.–März bis 17 Uhr · Brandenburger-/Ecke Ludwig-Erhard-Str. · 90762 Fürth · Tel. 0911/239 58 70 · www.kriminalmuseum-fuerth.de · U-Bahn Rathaus

62 VON FRAUEN UND AUCH FÜR MÄNNER

Ausgekocht! Ausgekocht? Hat die Frau nun am Herd zu stehen? Natürlich nicht! Spätestens die Ausstellung »ausgekocht?« öffnet auch dem letzten Macho die Augen. Sofern er reinschaut ins Museum für regionale und internationale Frauenkultur. Seit 2006 veranschaulichen Ausstellungen die Rolle der Frau in der Gesellschaft.

Im Mittelpunkt stehen dabei immer Dinge des Alltags, ob Religion (»Kopftuchkulturen«), Konfliktsituationen (»Schicksalsfäden. Geschichten in Stoff von Gewalt, Hoffen und Überleben«) oder Beruf (»La Bonne – vom Dienstmädchen zur globalen Dienstleisterin«). Die Ausstellungen ordnen Einzelschicksale facettenreich in ein großes Ganzes ein, immer bedacht auf den Austausch verschiedener Kulturen. Gabi Franger, eine der beiden Kuratorinnen, spielt dabei gerne auch mit vermeintlichen Klischees: »Es soll immer der Anreiz zur Diskussion bestehen.« Nein, ein Tempel militanter Emanzen ist das Erdgeschoss des Marstallgebäudes des Burgfarrnbacher Schlosses nicht. Eher ein Ort für die selbstbewusste und reflektierende Frau. Dass »der Anteil der Männer, die kommen, immer größer wird«, freut Franger natürlich. Vielleicht ist das auch so, weil das ausgestellte Selbstverständnis der Frau bei allen Debatten um Globalisierung oder Sexismus oft von Augenzwinkern begleitet ist. Und weil die Exponate dem täglichen Leben entnommen sind, das auch der Mann kennt. Doch noch nicht alle Männer sind so weit, vielleicht der Grund, dass das Fürther Museum das einzige dieser Art im eher konservativen Bayern ist. Und auch in ganz Deutschland gibt's insgesamt nur sechs.

2012 haben Franger und ihre Mitstreiterinnen angefangen, sehr persönliche Frauenporträts in die Ausstellungen zu integrieren; beispielsweise das einer Flüchtlingsfrau, die über das Erstellen von Blogs zu einer neuen Einnahmequelle kam. International wird's ab 2018 ohnehin: Die nächste zweijährige Präsentation beschäftigt sich mit den Fürther Partnerstädten und beleuchtet deren Qualität als Städte für Frauen.

Museum Frauenkultur · Mai–Sept. Do, Fr 14–18, Sa, So 11–17, Okt. nur So 11–17 Uhr
Schlosshof 23 · 90768 Fürth · Tel. 0911/598 07 69 · www.frauenindereinenwelt.de
U1 Fürth/Klinikum, dann Bus 172 bis Regelsbacher Straße

63 DER HERR DER 200 FAHRRÄDER

Na freilich, Helmut Walter kommt auf einem Hochrad daher. Er ist das lebendige Aushängeschild seines eigenen Museums, des Fahrradmuseums Pflugsmühle. 200 Velos hat er zusammengetragen und aufgestellt. Schön in Reih und Glied, aber nicht auf Hochglanz poliert, denn »alles soll möglichst ursprünglich sein«.

Der »Radsherr« Walter erzählt gern und viel. Zum Beispiel, dass einst die Frontlampen, kleine Laternen mit Kerze, gefedert waren, damit der Lichtkegel immer auf gleicher Höhe blieb. Oder von seiner Lehrzeit Ende der 1960er, als er nicht das Geld für ein Fahrrad hatte. Radeln schien ein Traum, bis er endlich doch den ersten fahrbaren Untersatz sein Eigen nennen durfte: »Da begann der Spleen.« Ein Spleen, der ihm eine heute so umfangreiche Sammlung beschert hat, dass der Platz im ehemaligen Schulhaus auf der Anhöhe bei Abenberg kaum ausreicht. Dabei beschränkt sich das Museum überwiegend auf Vehikel aus der mittelfränkischen Region, die im vorigen Jahrhundert bekannt war für den Fahrradbau.

Gleich links vom Eingang stehen in einem separaten Raum die »Antiquitäten«, darunter das älteste Stück, ein Hochrad von 1880. Walter erklärt, warum beim Streben nach mehr Geschwindigkeit das Vorderrad beim Direktantrieb immer größer wurde. Überhaupt machen die Gefährte die Geschichte lebendig und anschaulich. Originell: der von Triumph im Pedal eingebaute Ständer. Da wird auch Walter immer wieder euphorisch: »Das gefällt mir, mit welch einfachen Mitteln früher Lösungen gefunden wurden.«

Deutlich moderner wird es beim Übergang zum Hauptraum, wo sich auch eine Rennsportabteilung befindet. Der Museumsleiter ist selbst eine Zeit lang Rennen gefahren. Sogar ein Weltmeister-Bike baumelt unter der Decke. Ums Eck stehen dann die neueren Raritäten wie eine motorbetriebene Saxonette. Oder Skurriles wie das Bonanzarad der 1970er und ein Liegerad. Den ein oder anderen seltsamen Antrieb führt der hagere Mann mit Schiebermütze gern selbst vor – er liebt eben seine Räder.

Fahrradmuseum Pflugsmühle · ganzjährig n. Vereinb. geöffnet · Pflugsmühle 1b · 91183 Abenberg
Tel. 09873/97 67 44 · www.der-radsherr.de

WO AUS TRÄUMEN GRAUEN WURDE

Ausgerechnet an einem früheren Ort der Kinderträume wird der Albtraum deutscher Historie greifbar: Die Knauerstraße 27 im Stadtteil Gostenhof war 1941 bis 1942 für 156 Menschen Endstation vor ihrer Deportation in Konzentrationslager, wo zwei Drittel von ihnen den Tod fanden. Sie lebten hier in einem Zwangs-Altenheim für Juden. In dem 1899 erbauten Haus hatte der jüdische Fabrikant Max Moschkowitz Blechspielzeug hergestellt. Er konnte Deutschland rechtzeitig verlassen, sein Haus wurde von den Nationalsozialisten beschlagnahmt. Heute ist es wieder ein Wohnhaus. In dessen Einfahrt das Firmenlogo MMN und die Transportschienen im Boden stumme Zeugen des Schreckens sind.

Ehemaliges jüdisches Zwangs-Altenheim · Knauerstr. 27 · 90443 Nürnberg
S1 Rothenburger Straße

DIE KAPELLE IM BAMBERGER SCHLOSS

Die Kirche im Dorf lassen kann jeder. Eine Barockkirche in einem Schloss aber gibt es nicht immer. Und eine zweistöckige Kirche in einem Wellnesshotel kann getrost als Rarität bezeichnet werden. In Bamberg ist eine solche Besonderheit im »Hotel Residenzschloss« zu finden. Um dem kleinen Kirchlein einen Besuch abzustatten, muss man hier nicht einmal ein Zimmer buchen. Wobei der imposante Bau am Ufer der Regnitz (heute ein Hotel der gehobenen Kategorie) ursprünglich 1787 als Krankenhaus entstand. Es besteht aus drei Flügeln, in deren Mitte die Kapelle zweistöckig errichtet wurde, damit alle Kranken von ihren Zimmern aus dem Gottesdienst folgen konnten. Derzeit residiert man hier in 184 stilvollen Zimmern. Die kleine Barockkapelle wird nach wie vor gerne für Hochzeiten genutzt, aber man muss nicht erst heiraten, um sie zu besichtigen.

Hotel Residenzschloss · Untere Sandstr. 32 · 96049 Bamberg · Tel. 0951/609 10
www.welcome-hotels.com · Bus 906 Schweinfurter Straße, Stadtarchiv

AUF DEN SPUREN BARBAROSSAS

Ein halbes Stündchen dauert der Ausflug ins 13. Jahrhundert: Dann haben Sie die eineinhalb Kilometer der Hilpoltsteiner Stadtmauer gemütlich umrundet. Bis auf ein kurzes Stück an der Ostseite der Altstadt ist das gut eineinhalb Meter dicke Mauerwerk geschlossen, der Weg daran vorbei ist so geschichtsträchtig wie idyllisch.

Hier begegnen Ihnen keine Touristenscharen, eher verträumte Liebespärchen aus dem Ort. Ist aber auch romantisch, der Rundgang, vom Unteren Tor aus im Uhrzeigersinn: Schon nach Kurzem führt der Pfad an einem kleinen See vorbei. Rechts davon ragt das um 1523 erbaute Jahrsdorfer Haus auf, dessen westliche Giebelseite auf der Stadtmauer aufsitzt. Hundert Meter weiter zieht sich die Runde den Berg hinauf zur Burg – das einzige beschwerlichere Stück. Um 1050 wurde mit der steinernen Befestigung begonnen, ausgebaut haben die Anlage 100 Jahre später Gefolgsleute des Staufers Friedrich Barbarossa. Nördlich der Burg ist noch immer der Erdwall zu erkennen, der die ursprüngliche Ansiedlung im 10. Jahrhundert zur Zeit der Ungarneinfälle schützen sollte. Vorbei am Traidkasten, dem gewaltigen Kornspeicher, führt eine schattige Treppe ins mittelalterliche Hilpoltstein. Die enge Gasse zieht sich durch eine hübsche Siedlung, ehe sie zum Heidecker Tor abzweigt, in dem einst ein Zwinger untergebracht war. Heute ist er nur noch in Teilen zu sehen, denn schon 1887 war die Handelsstadt dem Verkehrsaufkommen nicht mehr gewachsen, und der Torturm wurde zum Teil abgebrochen. Ganz anders der Döderleinsturm an der südwestlichen Ecke der Stadtmauer: Er ist der einzige noch komplett erhaltene Turm, u-förmig und damit als halb offener Schalenturm im 13. Jahrhundert gebaut und erst später um einen Fachwerkanbau erweitert. Ziel des Spaziergangs, der in der Nachmittagssonne zusätzlichen Reiz durch magische Schattenspiele erfährt, ist das Museum Schwarzes Ross. Neben Exponaten zum Bau- und Brauhandwerk sehen Sie hier eine Ausstellung historischer Modelle von Stadt und Burg.

Stadtmauerrundgang · ganzjährig frei zugänglich · Museum Schwarzes Ross
Mai–Okt. Di–So 13–17, Nov.–April So 13.30–16.30 Uhr · Zwingerstr./Unteres Tor · 91161 Hilpoltstein
www.hilpoltstein.de/stadtmauer

EIN TRAURIGES STÜCK KISSINGER GESCHICHTE

67

Die Wiese wird nur selten gemäht, die Grabsteine beginnen sich zu neigen, in der tief stehenden Sonne werfen sie bizarre Schatten auf den steilen Hang. Wie ein Geisterhaus steht das Taharahaus da. Der jüdische Friedhof in Bad Kissingen ist in einem schlechten Zustand. Und bleibt doch ein faszinierendes Zeitzeugnis.

In der Kurstadt gibt es längst keine jüdische Gemeinde mehr. Ehrenamtliche Helfer betreuen daher die 1801 als Friedhof ausgewiesene Anlage in der Bergmannstraße. Dennoch sind zahlreiche Inschriften nicht mehr lesbar. In einem überraschend guten äußeren Zustand indes befindet sich das Taharahaus, der Ort der rituellen Leichenwaschung. 1891 hatte Baumeister Gillich den roten Ziegelbau mit den drei charakteristischen Steinbogen im neoromanischen Stil errichtet. Von den Arkaden führt eine Freitreppe herunter Richtung Gräber.

So friedlich die Szenerie heute auch wirkt, der jüdische Friedhof war leider auch Schauplatz zahlreicher antisemitischer Übergriffe und Schändungen. Schon in den 1920er-Jahren wurden die Scheiben des Taharahauses eingeworfen, Grabsteine umgeworfen und Beete verwüstet. Am 9. November 1938, in der Pogromnacht, mussten inhaftierte Juden offenkundig sinnlose Grabungen ausführen, um so letztlich selbst den Friedhof ihrer Gemeinde zu zerstören. 1941 fand dann das vorerst letzte Begräbnis statt, ehe das Taharahaus für russische Kriegsgefangene zweckentfremdet wurde. Eine letzte Schändung datiert aus dem Jahr 1994, als zwei – recht schnell gefasste und verurteilte – Jugendliche Hakenkreuze auf die Steine sprühten.

Den Krieg hatte die Anlage erstaunlich unbeschadet überstanden, und so gab es auch 1946 und 1989 zahlreiche Beisetzungen. Heute stehen 488 Grabsteine, Mazewot genannt, auf dem Hang. Der birgt auch zwei Besonderheiten: eine Urne, hinter dem Taharahaus, abseits beigesetzt, weil das traditionelle Judentum die Feuerbestattung ablehnt; und einige Grabsteine im christlichen Stil, um 1900 vom Bildhauer Valentin Weidner geschaffen.

Jüdischer Friedhof · Bergmannstr. nahe Ostring · nicht öffentl., Schlüssel über Stadtarchiv Mo–Do 8–12 Uhr und n. Vereinb. · Promenadenstr. 6 · 97688 Bad Kissingen · Tel. 0971/807 42 01

68	Ruhe tanken im Hesperidengarten	S. 132
69	Bummeln im Handwerkerviertel	S. 134
70	Und Wasser hat doch Balken	S. 136
71	Baden in der Regnitz	S. 138
72	Die schönste Art, die Pegnitz zu queren	S. 140
73	Cocktail am Meer von Staffelstein	S. 142
74	Erholung für den Bürgermeister	S. 144
75	Japan in Rothenburg	S. 146
76	Wo schon König Ludwig staunte	S. 146
77	Wandern durch die steinerne Schlucht	S. 148
78	Nostalgie unter einem Rosendach	S. 150
79	Bismarck und ganz viel Aussicht	S. 152
80	Ein See in Würzburg? Wer sucht, der findet	S. 154
81	Und der Wind singt sein Lied dazu	S. 156
82	Ungestörtes Planschen am See	S. 158
83	Eine Kapelle mit Weitblick	S. 158
84	Die Damen von Marktheidenfeld	S. 160
85	Von Briefmarken und Blumen	S. 162
86	Der Teufel und die alten Basaltprismen	S. 164
87	Die vergessene Reichsautobahn	S. 166
88	Ein Tempel für Verliebte	S. 168
89	Entschleunigen bei Reiher und Eisvogel	S. 170
90	Mit dem hl. Franziskus durch die Rhön	S. 172
91	Schweinfurts blutrünstige Jungfrau	S. 174
92	Steinernes Märchen im Wald von Ebern	S. 176
93	Gespenstischer Theinheimer Reiter	S. 178
94	Der Etagenstrand von Schweinfurt	S. 180
95	Wo bunte Karpfen in die Sonne blinzeln	S. 180
96	Spazieren zwischen den Schleusen	S. 182
97	Wandern zwischen Fachwerk und Fels	S. 184
98	Der Bauchnabel des Frankenlands	S. 186
99	Über den Wipfeln des Steigerwalds	S. 188
100	Zum heil'gen Veit von Staffelstein	S. 190

68 RUHE TANKEN IM HESPERIDENGARTEN

Die Pforte der Weisheit. Merkur und Minerva stehen Spalier, Jupiter und Venus tun es an der Pforte des himmlischen, Apollo und Diana an der des irdischen Glücks. Und an der Pforte des Unglücks erwarten den Besucher Mars und Saturn. Es ist ein mythischer Fleck Nürnbergs, der Barockgarten in der Johannisstraße.

Schwer zu finden ist er. An der Straße präsentiert sich die schlichte Fassade aus rotem Sandstein, erst wenn Sie die breite Pforte öffnen, sehen Sie ins satte Grün. Es war die Zeit nach dem Dreißigjährigen Krieg, das 17. und das 18. Jahrhundert, als sich Nürnberg einen Namen wegen seiner Gartenkultur machte. Barocke Gärten mit mediterranem Einschlag waren schick. Dieser hier, einer von fünf nach den Töchtern des Gottes Hesperos benannten Hesperidengärten des Johannisviertels, ist zwar Ausdruck von Wohlstand, aber mehr noch von der Sehnsucht eines kunstbewussten Menschen nach einer Ruheoase. Die erreichen Sie über die offene Galerie mit schmiedeeisernem Tor, von einem Staufer'schen Reichsadler bewacht.

> 💡 An der größten und prächtigsten Anlage, in der Johannisstraße 47, liegt das »Kaffeehaus am Hesperidengarten«. In Literatenambiente schmeckt die »Stadtwurst mit Musik«.

Das Paradies dahinter war bis 1965 nichts weiter als verwildertes Dickicht, das bei der Hausrenovierung freigelegt wurde. Die Steinfiguren kamen aus einem anderen, aufgelösten Hesperidengarten hinzu. Sie bilden die Säulen der besagten Pforten. Und sie weisen den Weg zum Amorbrunnen im Schnittpunkt der Längs- und Querachse. Der zeigt Amor, wie er einem Löwen das Maul aufreißt: *Amor vincit omnia* – die Macht der Liebe besiegt alles. Auf der dem Wohnhaus gegenüberliegenden Seite steht der Gartenpavillon aus dem Jahr 1720. Auch er wurde aus einem anderen Hesperidengarten hierher umgesetzt. Die Stuckdecke war mehrfach übermalt worden und wurde nun nach historischem Vorbild wieder in den Farben Hellrot, Hellgrün, Hellgrau und Ockergelb nachgearbeitet.

Barockgarten · täglich tagsüber geöffnet · Eintritt frei · Johannisstr. 13 · 90419 Nürnberg
S4 Tiergärtnertor

BUMMELN IM HANDWERKERVIERTEL

Der Bombenhagel war grausam, 90 Prozent der Nürnberger Altstadt lagen in Schutt und Asche. Wie durch ein Wunder ist ein Sträßlein nahezu komplett verschont geblieben: die Weißgerbergasse. Auf dem Weg über das – allerdings erneuerte – Pflaster ist das Mittelalter stiller Begleiter – und sogar eine stilechte Spelunke gibt's.

Die rund 20 Häuser in der Sebalder Altstadt gehören zu den ganz wenigen erhaltenen Baudenkmalensembles Nürnbergs. Die Gegend unterhalb der Kaiserburg war im Mittelalter das Handwerkerviertel, und in der Weißgerbergasse wurde aus rohen Tierhäuten feines Leder hergestellt. Mehl, Eier, Salz, Öl und eine Aluminium-Kalium-Lösung brauchte es dazu; klar, dass es da nicht immer gut gerochen hat. 1837, die Gerber waren längst gegangen, wollten die Anwohner ihre Gasse umbenennen; doch die Regierung winkte ab.

> In »Finyas Taverne«, einer gemütlichen Spelunke mit mittelalterlichem Ambiente in Haus Nummer 18, gibt's einen Humpen Met zu Hacktopf und Käsetunke.

Der Straßenzug fristete ein tristes Dasein, das ursprüngliche Fachwerk vieler Häuser schlummerte unter dickem Putz. In den 1970ern begannen dann die Renovierungsarbeiten. Zum Vorschein kam eine verwinkelte Postkartenidylle. An den Häusern mit der Nummer 16 und 25 finden sich schmucke Erker, sogenannte Chörlein, an Hausnummer 24 noch das Weißgerberemblem von 1708. Den Zugang zu Haus Nummer 28, das, wie die meisten anderen auch, Wohnungen beherbergt, versperrt eine Biedermeiertüre mit geschnitzten Füllhörnern. Sie ist original, während an Nummer 26 die St.-Egidius-Figur eine Kopie von einem zerstörten Fachwerkhaus an anderer Stelle ist.

Die Größe und die prächtigen Verzierungen der Häuser aus dem 16. Jahrhundert stehen für den Wohlstand der Gerber. Schicke Geldbeutel, Handschuhe oder in Leder gebundene Bücher waren Statussymbole der Reichen, und deren Zahlungskraft bescherte auch den Handwerkern ein angenehmes Leben. Heute dient die Weißgerbergasse eher zum angenehmen Bummeln.

Weißgerbergasse · 90403 Nürnberg · Bus 36 Am Hallertor

70 UND WASSER HAT DOCH BALKEN

Was früher eine Gewerbe war, an dem zahlreiche Familien verdienten, ist zu einer Touristenattraktion im Frankenwald geworden: die Flößerei. Obwohl einst der Lohn gerade einmal für das Nötigste langte, hat sich bis heute der sprichwörtliche Flößerhumor erhalten – vielleicht auch der Bierration wegen.

»In Gods Noma«, im Namen Gottes: Der fromme Flößergruß ist noch heute eine feststehende Redewendung. Und mit dem Wunsch starten auch in den Sommermonaten die feucht-fröhlichen Floßfahrten auf der wilden Rodach. Was heute als Riesenspaß inszeniert wird, hat eine lange Historie in Franken und war ein wichtiger Gewerbezweig. Zum ersten Mal wurde die Flößerei im Frankenwald 1386 urkundlich erwähnt. Durch die vielen Wasserläufe und den Waldreichtum bot die Region die besten Voraussetzungen für Holzhan-

del und Flößerei. Solange, bis der Transport auf Straßen und Schienen ausgebaut wurde und viele Betriebe sich auf eine Verarbeitung vor Ort konzentrierten, denn damit war das Ende der Flößerei besiegelt. Heute erwachen die nostalgischen Touren in Wallenfels an 15 Sommer-Samstagen zu neuem und sehr vergnüglichem Leben: Bis zu 25 Flöße kämpfen sich an einem Tag gischtumtost durch Wehr, Flussengen und Untiefen, garniert mit einer guten Portion Information über das Leben der Frankenwald-Flößer. Das waren anscheinend allesamt hartgesottene, naturverbundene Burschen. Und trinkfeste, denn jedem standen am Tag sozusagen tarifvertraglich fünf Liter Bier zu. Dem will man auch heute nicht nachstehen, und deshalb wird auf den Floß-Safaris kräftig mit dem »Bechla«, dem traditionellen Blechkrug der Wallenfelser Flößer angestoßen. Am Ende der feuchten Tour steht eine zünftige Brotzeit im Flößerhaus. Es gibt aber auch eine trockene Variante: Auf dem Flößerweg haben Wanderer die Möglichkeit, die wilde Romantik des Frankenwaldes auf Schusters Rappen zu erkunden. Die Tour startet an der Quelle der wilden Rodach in Raudenberg und führt über 24 Kilometer entlang von historischen Schneidmühlen, Floßteichen und versteckten Flussläufen ins Rodachtal.

Flößerei im Frankenwald · Frankenwaldtourismus Service-Center · Adolf-Kolping-Str. 1
96317 Kronach · Tel. 09261/601 50 · www.frankenwald-tourismus.de

BADEN IN DER REGNITZ

Die Hainbadestelle ist den Bambergern Kult. Bereits im 18. Jahrhundert gab es in vielen deutschen Städten Flussbadestellen mit kleinen Restaurants, Badehäuschen und Umkleidekabinen. Überlebt hat in Franken landauf, landab nur eine: der versteckte Platz in Bamberg, wo man sich in der Regnitz abkühlen darf.

Wenn sich in den Sommermonaten die Touristenhorden durch die Altstadt oder Klein Venedig schieben, suchen die Bamberger ihre Erfrischung in einem der ungewöhnlichsten Freibäder Frankens: dem malerischen Hainbad am linken Ufer der Regnitz. Heiß geliebt und wirklich »saukalt«, selbst im schwülsten Hochsommer. Nur hier ist das Baden in der Regnitz erlaubt, und nur selten steigt die Wassertemperatur über 19 Grad. Es gibt kaum ein Bad, das idyllischer gelegen sein könnte: unter den riesigen, uralten Bäumen des Stadtparks. Seit 1935 ist das Fleckchen eines der liebsten und wohlbehüteten Geheimnisse in der Domstadt. Bis zu 2000 Besucher am Tag nutzen im Sommer das Flussbad zur Abkühlung, tummeln sich auf dem Rasen oder sonnen sich – wenn sie einen Platz ergattert haben – auf dem »Studentengrill«, einem langen Holzsteg direkt am Flussufer, von dem sich die Abkühlungswilligen ins Wasser stürzen können. Die meisten steigen an der Stelle in den Fluss, wo die Strömung sanft zum nächsten Ausstieg treibt. Wagemutige und sportive Geister versuchen gegen den Strom zu schwimmen. Kein leichtes Unterfangen. 125 Holzkabinen gehören noch heute zu dieser historischen Anlage, in denen die Eigentümer ihre Decken und Badesachen aufbewahren können, die Schlüssel zu den Kabinen werden über die Jahrzehnte immer weitervererbt.

Die Bamberger hängen an ihrer Hainbadestelle. Als vor ein paar Jahren das Bad aus Altersgründen von Stadtwerken und Stadtrat geschlossen werden sollte, der Zugang bereits verbarrikadiert worden war und ein Badeverbot ausgesprochen wurde, war Bambule in der Stadt. Tausende demonstrierten mit Pfeifkonzert, Sprechchören und Buhrufen vor dem Rathaus. Mit Erfolg. Die Hainbadestelle wurde wieder geöffnet und ist bis heute eines – Kult.

Hainbad · Frühjahr bis Mitte Okt. 9–20 Uhr · Mühlwörth 18a · 96047 Bamberg · Tel. 0951/77 51 60
www.stadtwerke-bamberg.de/baeder · Bus 931 Kronacher Straße

72 DIE SCHÖNSTE ART, DIE PEGNITZ ZU QUEREN

Ja, es gibt andere Wege über die Pegnitz. Aber kaum schönere. Warum dennoch so viele den Kettensteg links (oder rechts) liegen lassen? Der Zugang zur ältesten noch bestehenden, frei schwebenden Hängebrücke Deutschlands ist verwinkelt – auf ihr zu flanieren, im Schatten des Schlayerturms und der Fronveste, ist ein Erlebnis.

Den Fußgänger begleitet das stete Rauschen des Flusses am Stauwehr. Das heute beweglich ist. Wäre das im frühen 20. Jahrhundert schon so gewesen, stünden die zahlreichen, teils vor 500 Jahren erbauten alten Mühlen am Pegnitzufer vermutlich immer noch. So aber wurden sie Opfer verheerender Überschwemmungen. 1824 wurde nach Plänen des Nürnberger Mechanikers Conrad Georg Kuppler aus über dreieinhalb Tonnen Eisen ein neuer Steg gebaut – als Ersatz für den morschen Trockensteg.

Wegen seiner rund drei Meter langen, aneinandergereihten Glieder nannte ihn der Volksmund schnell Kettensteg. Die waagerechten hölzernen Stützjoche, die Schwingungen der 68 Meter langen Brücke dämpfen sollen, wurden erst 1931 hinzugefügt. Auch die beiden Pylone an den Ufern waren ursprünglich aus Holz, wurden nach der Jahrhundertflut von 1909 aber durch die heute noch erhaltenen Stahlkonstruktionen ersetzt. Die Nationalsozialisten wollten das architektonische Kleinod im Zuge der »Entschandelung« Nürnbergs abreißen, was der Kriegsausbruch verhinderte. Von 2009 bis 2010 wurde die Brücke generalsaniert und originalgetreu restauriert.

Auf der nördlichen, also der Burgseite, lädt immer noch eine gemütliche feine Schänke samt Biergarten zu Speis und Trank, gegenüber lockt vor allem im Hochsommer die Uferpromenade zum Verweilen: Dann ist es hier nämlich schattig und kühl. Ein paar Bänkchen haben die Stadtväter inzwischen auch spendiert. Traumhaft der Blick an dieser Stelle: links der Schlayerturm samt westlicher Stadtmauer, rechts die »Liebesinsel« mit Maxbrücke und dahinter liegendem Henkersteg und Henkerhaus. Warum nicht eine kleine Brotzeit auspacken und einfach mal die Seele baumeln lassen?

Kettensteg · Am Pegnitzufer, Ecke Untere Kreuzgasse · 90403 Nürnberg
U1, U2, U3 Plärrer

COCKTAIL AM MEER
VON STAFFELSTEIN

Die Therme in Bad Staffelstein ist weit über Frankens Grenzen hinaus bekannt. Das Wasser hat es im wahrsten Sinne des Wortes in sich: Hier entspannt der Besucher in Bayerns wärmster und stärkster Thermalsole. Und wer mag, auch mit kühlen Cocktails oder einem frisch gezapften Bier – im Wasser.

Relaxen hat seine Qualität, und wo kann man das besser als im wohlig warmen Thermalwasser, wenn man gemütlich vor sich hindümpelnd die Gedanken schweifen lassen kann, in die Ferne oder Nähe – egal. In 25 Innen- und Außenbecken ist das hier auf einer Badefläche von 3000 Quadratmetern komfortabel möglich. Das Solewasser wirkt gegen Stress und Erschöpfungszustände, ist gut für Wirbelsäule und Gelenke und ganz einfach wunderbar für Seele und Wohlbefinden. Doch damit nicht genug, in Bad Staffelstein setzt

> »Best Western Plus Kurhotel an der Therme Staffelstein«: Dort verbindet ein klimatisierter Bademantelgang Hotel und Therme.

man ganz auf Urlaubsgefühle: Wenn Sie also ein bisschen Lust auf Karibik-Feeling haben – das Wasser ist schon kräftig salzhaltig –, dann holen Sie sich an der MeerBar einen Cocktail nach Wunsch, egal ob es ein Mojito, ein Campari-Orange oder ein Mai Thai sein soll. Ein großes Angebot gibt es natürlich auch in den alkoholfreien Varianten mit frischen Säften für den Vitaminkick; oder wenn Sie lieber ein frisch gezapftes Keller- oder Weißbier haben möchten, können Sie natürlich auch das bestellen – und mitnehmen. Die Gläser sind aus bruchfestem Plastik, und bevor es zurück ins Thermalwasser geht, gibt es noch den mahnenden Hinweis, das Glas doch bitte nicht auszuspülen, sondern in erkennbar benutztem Zustand wieder zurückzubringen. Dann erhalten Sie auch das Pfand wieder zurück – aber eben nur, wenn das Glas wirklich nicht ausgespült wurde. Und in den Sommermonaten wird alle 14 Tage freitags ein Barbecue am »Meer« angeboten, dann wird auf der Terrasse neben dem großen Freibecken gegrillt.

Obermain Therme · 8–21, Do, Fr, Sa bis 23 Uhr · Bar schließt 30 Min. früher
Am Kurpark 1 · 96231 Bad Staffelstein · Tel. 09573/961 90 · www.obermaintherme.de

74 ERHOLUNG FÜR DEN BÜRGERMEISTER

Ist es ein Zufall, dass einer der bedeutendsten Söhne Nürnbergs direkt gegenüber sein Atelier hatte? Renaissancekünstler Albrecht Dürer blickte auf den Bürgermeistergarten. Ob er sich darin auch Inspiration holte? Vorstellbar wär's, die kleine Grünanlage bietet neben versteckten Nischen vor allem eines: himmlische Stille.

Ja, Ruhe in unmittelbarer Nähe zur Kaiserburg, das geht. Es sind eher die Einheimischen, denn Touristen, die sich jenseits der Blütenpracht des Burggartens ein stilles Fleckchen im Grünen suchen. Selbst von der Straße dringen kaum Geräusche nach oben, wo einst die Bürgermeister der Stadt ihr Refugium hatten. Denn wie es der Name schon sagt, war dieser Teil des Burggartens im 19. Jahrhundert vermietet an das jeweilige Stadtoberhaupt, dessen Wohnsitz im angrenzenden, im 15. Jahrhundert als Wachturm erbauten Bürgermeisterturm lag. Ganz ohne herrschaftlichen Pomp. Beinahe surreal verzierte Steintore weisen den Weg, dahinter finden sich verwinkelte Treppen und Wege, stehen Bänke und Putten. Und von einer steinernen Galerie aus gibt es den schönsten Blick auf den Tiergärtnerplatz. Wer erst mal drin ist, will kaum wieder raus. Nur muss man erst einmal hineinkommen. Das schattige Kleinod versteckt sich nämlich recht geschickt hinter den Altstadtmauern. Etwas leichter finden Sie den Bürgermeistergarten vom Burggarten aus über die Tiergärtnertor-Bastei und eine kleine, am unteren Ende abfallende Treppe. Von der Stadt kommend, führt gegenüber dem Aufgang zum Neutorzwinger, hinter einer Tür versteckt, eine Treppe nach oben in den Garten. Der Anfang des vorigen Jahrhunderts zunehmend verwilderte, ehe 1969 das Nürnberger Gartenbauamt damit begann, die Anlage im romantischen Stil neu zu gestalten. Dabei wurde neben originalem Baum- und Strauchbestand auch neu angepflanzt – unter Einbeziehung der erhalten gebliebenen Balustraden und Mäuerchen.

> 💡 Wenn Sie sich noch nicht an der Natur sattgesehen haben, finden Sie am Ausgang gegenüber ein kleines Tor zum Heilpflanzengarten.

Bürgermeistergarten · April–Okt. 8–20 Uhr · Neutor/Am Ölberg · 90403 Nürnberg
Tel. 0911/233 60 · www.lebensraum-burg.de · S4 Tiergärtnertor

75 JAPAN IN ROTHENBURG

Japaner auf Sightseeingtour prägen Rothenburg. Was den Asiaten entgeht: ein Stück Heimat. Abseits liegt seit 2012 in fränkischer Flora der Lotos-Garten. Hinein geht's durch ein türkisblaues Tor, ein indisches, 250 Jahre alt. Dahinter: 5000 Quadratmeter Pflanzenpracht. Zwischen Seen und Bachläufen führen Pfade und Holzbrückchen durch üppig blühende Rhododendren, Lilien, Zierkirschen und Akazien, Gräser und Bambus. Und hinter Pavillons mit markanten Pagodendächern finden sich lauschige Sitzplätze. Nebenan plätschert der Wasserfall der Wiederkehr. Mit seiner Frau Ursula wollte sich Bernd Schulz-Leyk eine private Oase schaffen – »Mein Anliegen ist es, Schönes zu gestalten« –, herausgekommen ist dieses öffentliche Idyll.

Lotos-Garten · Ostern–Dezember 10–17 Uhr · Erlbacher Str. 108
91541 Rothenburg ob der Tauber · Tel. 09861/87555 88 · www.lotos-garten.de

76 WO SCHON KÖNIG LUDWIG STAUNTE

Das malerische Ailsbachtal hat mit der Burg Rabenstein und der Sophien-Schauhöhle bei Kirchahorn schon zwei beliebte Attraktionen. Unweit davon findet sich aber auch die Ludwigshöhle, und die ist nur wenigen bekannt. Ein Riesenfehler. Schon Ludwig I. und seine Frau Therese waren schwer beeindruckt von dieser natürlichen Karsthöhle: Bei einem Festessen im Jahr 1830 bestaunten sie zum ersten Mal die riesige Höhle, die mit einer Höhe von 14 Metern und einer Länge von 28 Metern die Ausmaße einer Kathedrale hat und über eine blendende Akustik verfügt. Mittlerweile sind deshalb auch Kulturschaffende darauf aufmerksam geworden, und immer öfter finden dort Konzerte und andere Festivitäten statt. Und auch heute feiert man hier: In der Mitte der riesigen Portalhöhle lädt eine gemauerte Feuerstelle zum Verweilen ein.

König-Ludwig-Höhle · ganzjährig geöffnet · 95491 Ahorntal, Aisbachtal · Bundesstraße St 2185
www.lochstein.de/hoehlen

77 WANDERN DURCH DIE STEINERNE SCHLUCHT

Hört sich ja grausig an: G'steinigt. Aber keine Angst: Statt einer biblischen Züchtigung erwartet die Wanderer am Röslaudurchbruch nahe Arzberg ein wunderschöner Waldweg, der gemeinsam mit dem parallel verlaufenden Flüsslein durch das einstige Eisenerzrevier meandert – vorbei an der Silberquelle.

Im oberfränkischen Porzellanstädtchen Arzberg gibt's einen imposanten Kirchberg mit einem von Gärten flankierten Kunst-Weg hinab ins Dorf. Und ein modernes Rathaus mit einem besonderen Vorzug: einem kostenlosen Parkplatz. Von da startet der Rundwanderweg, dessen unspektakulärer Auftakt entlang der Ortsrand-Wiesen nicht abschrecken darf: Nach ein paar hundert Metern, vorbei an der Ruine einer Nagelfabrik, beginnt an einer kleinen Brücke das Naturschutzgebiet »G'steinigt«. Schluchtenartig hat sich die Röslau in das Gestein geschnitten und markante Phyllit-Felsen stehen gelassen, ein blättriges Seidengestein. Auf halber Strecke öffnet sich der Fels rechter Hand in einen um 1860 angelegten, rund 100 Meter langen und nach seiner Stilllegung verbretterten Stollen, in dem die Silberquelle entspringt. Ein bisschen Obacht ist angesagt, die Wandernden, so sagt's ein Schild, sollen weiterziehen, es könnten sich ein paar Steine lösen. Vom 13./14. Jahrhundert bis in die 1930er-Jahre wurde bei Arzberg Eisenerz abgebaut. Heute geben das steinige Flussbett und die zahlreichen Steinfreistellungen dieser Schlucht ihren Namen. Die Phyllit-Formation im unteren Abschnitt heißt »Frauenbach-Gruppe«, die Gneise und Quarzite nennt man die »Elisenfels-Serie«. Letztere könnte in ihrer zerklüfteten Rauheit gut und gerne auch irgendwo in Kanada stehen.

Das naturnah erhaltene »G'steinigt« stellt einen Rückzugsort für etliche seltene Tier- und Pflanzenarten dar. Die Menschen zieht's zur Halbzeit der sieben Kilometer langen, mittelschweren Drei-Stunden-Tour eher zum urgemütlichen Gasthaus »Im G'steinigt« samt Biergarten. Von da geht's zurück über den Kohlberg, auf dem der 32 Meter hohe Aussichtsturm »Waldfelswarte« einen herrlichen Rundblick gewährt.

Wirtshaus »Im G'steinigt« · Mi–Fr ab 15 Uhr, Sa und So ab 11.30 Uhr
Elisenfels 11 · 95659 Arzberg · 09233/71 58 70 · www.gasthof-gsteinigt.de

SILBERQUELLE
ZUR ERINNERUNG
AN HARTE ZEIT
1919

NOSTALGIE UNTER EINEM ROSENDACH

Michelle Meilland ist weder Schauspielerin noch Sängerin. Und dennoch bekannt. Als Rose. Und als solche bekommt sie selbstverständlich ihr eigenes Täfelchen im Würzburger Rosengarten. Gleich neben Petticoat, zwischen Via Mala und Romantischer Straße – alles Namen wunderschöner Zuchtrosen.

Rosengarten? Nun, seine Existenz gehört zu den besser gehüteten Geheimnissen der Stadt Würzburg. Er ist Teil des japanischen Gartens, der wiederum Teil des Landesgartenschaugeländes am Fuße der Festung Marienberg ist. Entsprechend ist das Rosenparadies nicht gerade riesig, doch umso romantischer angelegt. Kieswege schlängeln sich zwischen den Beeten hindurch, in schattigen Arkaden laden Bänke zum Verweilen ein. Irgendwann treffen sich alle Pfade beim schneeweiß getünchten Holzpavillon. Um ihn herum stehen prächtig gestaltete Rosenbogen, unter deren buntem Dach weiße Bänke an die Sommerfrische vergangener Jahrhunderte erinnern, an Damen mit Sonnenschirmchen und Herren mit Strohhut.

Der Rosengarten war nicht immer eingebettet in diese weitläufige Anlage, bis in die 1980er-Jahre lag er versteckt im dichten Grün, zugänglich nur über das schmale Tor an der Höchberger Straße, an dem heute noch der Farbenkanarienverein mit einem Täfelchen zu den Volieren weist. Die bunten Vögel waren und sind vor allem für die kleineren Gäste des Gartens eine Attraktion: Zebrafinken, japanische Möwchen, Nymphen- und Wellensittiche flattern von Frühling bis Herbst in den großzügigen Käfigen. Davor steht seit Jahrzehnten dieser hölzerne Piepmatz, in dessen Schnabel Spenden für seine lebendigen Artgenossen verschwinden sollen – ein Hauch Nostalgie.

Als 1990 die Landesgartenschau zu Gast in Würzburg war, spendierte die japanische Partnerstadt Otsu zwei japanische Gärten, einer davon liegt neben dem Rosengarten. Die Wege gehen nahtlos ineinander über, und so finden Sie in der Nachbarschaft von Michelle Meilland auch Granitlandschaften, Bachläufe und asiatische Skulpturen sowie einen Teich mit Koikarpfen.

Rosengarten · April–Okt. Mo–Fr 7–21, Sa, So 8–21, Nov.–März Mo–Fr 7–17, Sa, So 8–17 Uhr
Zugang: Höchberger Str. 10 · 97082 Würzburg · S2, S4 Wörthstraße

79 BISMARCK UND GANZ VIEL AUSSICHT

Wenn es um den Blick über Würzburg geht, kommt man nicht vorbei am Bismarck-Wäldchen: Von der Lindleinsmühle zur Linken über Heidingsfeld und Heuchelhof am Horizont bis nach Zell versteckt sich kein Winkel der Stadt. Das grüne Idyll und Baudenkmäler machen diesen Flecken zu einem der schönsten der Gegend.

Das Wäldchen oberhalb der hoch über dem Bahnhof gelegenen und weithin sichtbaren Steinburg schließt an die berühmteste Weinlage der Stadt an, den Würzburger Stein. Kreuz und quer schlängeln sich Pfade hindurch, und ein gemütlicher Rundgang führt auch auf den Stein-Wein-Pfad, der Weinberg und Wald trennt. Herrlich, hier oben bei diesem Blick zu flanieren. Dreimal lohnt es sich dabei ganz besonders, stehen zu bleiben. An der Moltke-Ruh, einem recht schlichten Pavillon zwar nur, doch durch seine exponierte Lage der trefflichste Aussichtspunkt. Sowie bei zwei, jeweils am oberen Rand einer Wiese angesiedelten historischen Bauten, in ihrer Wucht etwas befremdlich-schön: Die Morellibank ist eine halb runde, steinerne Ruhebank, 1907 vom Würzburger Verschönerungsverein gestiftet, in Gedenken an den zwei Jahre zuvor verstorbenen Kaufmann Franz Morelli, der dem Blinden- und dem Taubstummeninstitut große Summen vererbt hatte. Bildhauer Peter Josef Loster schuf aus Muschelkalk diese monströs-anmutige Sitzgelegenheit.

Noch gewaltiger: der Bismarckturm. Nach dem Tod des Reichskanzlers Bismarck wurden ihm zu Ehren 240 Türme erbaut, 184 in Deutschland, davon stehen noch 146, eben auch einer in Würzburg. Er gehört zu einer Serie von Feuertürmen, nach dem Modellentwurf »Götterdämmerung« des Architekten Wilhelm Kreis. Auf dem 1905 erbauten, inzwischen maroden und verschlossenen Koloss thront in 15 Metern Höhe die Feuerschale. Auf der Eingangsseite prangen Reichsadler sowie Schlange der Zwietracht. Die frei stehende Kanzel vor dem Turm, ein Feueraltar, diente dem Ablegen von Fackeln. Heute genießen Sommerfrischler auf der abschüssigen Wiese den Blick auf die Stadt. Den schönsten eben.

Bismarckwäldchen · Zufahrt über den oberen Schalksbergweg oder die Oberdürrbacher Straße
Würzburg · www.wuerzburg.de · Bus 11, 13, 19, 27 Rotkreuzstraße

EIN SEE IN WÜRZBURG? WER SUCHT, DER FINDET

Stellen Sie sich mal auf den Würzburger Marktplatz und fragen nach dem Burkader See. Da werden erstaunlich wenige Hände in die Höhe gehen. Der See liegt im Schatten der Festung, und kaum einer kennt ihn. Dabei hat er das Zeug zur Oase: Grünanlage, Wasser, Schatten und Bänke.

Aber er will erst einmal gefunden werden. Das Burkader Tor, ganz in der Nähe der »Löwenbrücke« genannten Ludwigsbrücke, ist nicht nur ob seiner namentlichen Verwandtschaft ein guter Tipp: Es liegt gleich daneben. Komisch, das kennt der Würzburger. Dabei muss er doch nur stadtauswärts hindurch und nach rechts schauen. Nein, nicht hinauf zur Feste Marienberg, sondern hinunter in den Graben: jawohl, ein See. Dass es einen hübschen Spazierweg rundherum gibt, sehen Sie erst, wenn Sie die paar Treppen hinabgegangen sind, denn mächtige Eiben verdecken Details.

Im Jahre 1680 war's, da besaß Würzburg einen Umlaufkanal zwischen Main und Mainviertel. Lastkähne hatten die Möglichkeit, eine schwer zu passierende Muschelkalk-Staustufe zu umgehen. Gegen Ende des 19. Jahrhunderts waren die Schiffe zu groß geworden für den kleinen Kanal. Was blieb, war der See. Und so entschlossen sich die Stadtväter, ringsherum einen kleinen Park anzulegen.

Der hat sich seinen Charme erhalten, auch nach dem Ausbau der Saalgasse, die in Wirklichkeit eine vierspurige Straße ist. Vom Verkehrschaos der Feierabendstunden ist hier unten nichts zu spüren. Diese Abgeschiedenheit hatte für die einzige vorübergehende Popularität, wenngleich nur in einer kleinen Jugendszene, gesorgt: Um 1990 entstand beim See ein illegales Partyareal, nach den Wochenenden zeugten Alkoholflaschen und Müll von der nächtlichen Zecherei. Bis es den Stadtverantwortlichen zu bunt wurde und sie die Bänke abmontierten. Heute stehen sie wieder, das Gestrüpp ist zurückgeschnitten, die Natursteinmauer zur Festung freigelegt. Und wenn auf einer Bank mal was liegen bleibt, dann höchstens ein Buch.

Burkader See · ganzjährig und ganztags zugänglich · Saalegasse (Ecke Leistenstraße)
97082 Würzburg · S3, S5 Löwenbrücke

81 UND DER WIND SINGT SEIN LIED DAZU

Wenn der Wind seine Stimme erhebt, dann ist das kein Flüstern und kein Schrei. Es ist Wehklagen und fröhliches Pfeifen gleichermaßen. Schaurig-schön. Und von hypnotischer Anziehungskraft. Der Wind erzählt von Tag und Nacht. Er hat viel erlebt. Und verrät es nicht jedem. Wer seine Stimme hören will, der muss sie einfangen.

Mit einer Äolsharfe zum Beispiel. Die hat zwar acht Saiten, doch die sieht man nicht. Dafür ist das merkwürdige Instrument als Ganzes kaum zu übersehen. In Aschaffenburg steht es auf der Grünbrücke. Auf den ersten Blick ist die Brücke keine Brücke und das Instrument nur ein Stahlspargel mit einem Aufsatz. Der ist der Klangkörper, in dem die Saiten versteckt sind. Neugierige drehen ihn mit einem Handrad in den Wind – und vernehmen sphärische Klänge. Die Luftwirbel sorgen für Schwingungen; je stärker der Wind, umso mehr Obertöne. Es entstehen Akkorde, manchmal auch Tonfolgen.

Die Äolsharfe ist nur ein Kunstobjekt von vielen und ein Klangobjekt von dreien auf der Grünbrücke, die Bindeglied ist zwischen der Fasanerie und der Großmutterwiese. 2014 wurde der 180 Meter lange und 30 Meter breite »Deckel« über Ostring und Bahnlinie eingeweiht, jetzt schlängeln sich sieben Spazierwege über die Brücke, die von oben eher wie ein Park wahrgenommen wird. Sitzmauern und Bänke laden zum Verweilen. Den zentralen Platz säumt eine schmucke Pergola, eine Sitzecke wird von Flieder eingerahmt.

Attraktion freilich sind die drei Klangobjekte. Eine Firma vom Chiemsee hat sie produziert, die von der Stadt beauftragten Gartenarchitekten haben sie aufgestellt. Wie die Äolsharfe erfordern sie Interaktion. Im »Summstein« befinden sich Löcher, in die Sie Ihren Kopf stecken können, um dann durch Summen in verschiedenen Tonlagen eine Rückkopplung auf Ihren Körper auszuloten. Vor allem für Kinder ein großer Spaß ist das »Steintelefon«, das zwischen zwei rund zehn Meter auseinander stehenden Stelen Kommunikation möglich macht, nach dem Vorbild eines aus Büchsen und Kabel gebauten Schnurtelefons.

Grünbrücke · zwischen Deutscher Straße und Ludwigsallee · 63739 Aschaffenburg
Bus 12, 16 Ludwigsallee

UNGESTÖRTES PLANSCHEN AM SEE

82

Aus einem Baggersee wird erst dann ein schöner Badesee, wenn man nicht mehr sieht, dass es ein Baggersee ist. Renaturierung heißt das Zauberwort. Und das haben sie gut hinbekommen mit dem größten der vier Seen hinter Hörblach. Anders als bei den meisten Gewässern der Region gibt's hier keine Liegewiese, sondern zahlreiche kleine Buchten, zu denen schmale Trampelpfade führen. Selbst an heißen Tagen findet sich auch für das ganz frisch verliebte Pärchen ein ungestörtes Plätzchen. Ins Wasser geht's an den meisten Stellen seicht, ideal auch für Kinder, wenngleich die an einem Baggersee nie unbeaufsichtigt planschen sollten. Aber ist das überhaupt noch ein Baggersee?

Hörblacher Baggersee · durchgehend geöffnet · Großlangheimer Str. · 97359 Hörblach
Regionalbus-Haltestelle Hörblach

EINE KAPELLE MIT WEITBLICK

83

Hoch droben, da thront die Kunigundenkapelle am Rand des Bullenheimer Berges, mit Blick aufs gleichnamige Weindorf. Außer dem Eingangstor und zwei Fenstereinfassungen ist kaum etwas von der spätgotischen Kirche aus dem 15. Jahrhundert übrig geblieben. Einst Kaisergattin Kunigunde von Luxemburg gewidmet, wurde das Gotteshaus im Dreißigjährigen Krieg zerstört. Die Zeiten, als Wallfahrer hier heraufkamen, liegen mehr als 200 Jahre zurück. An ihrer Stelle haben nun Wanderer von einem kleinen Bänkchen aus einen famosen Blick ins Frankenland. Und machen eine Pause nach der Brotzeit, die sie in der Weinparadiesscheune unten bei Seinsheim genossen haben, wo sie – je nach Runde – ein bis drei Stunden zuvor losgelaufen sind. Wenn's hernach noch ein Bierchen sein soll: In Seinsheim gibt es an der Kirchgadenanlage die kleinste Brauerei Unterfrankens.

Kunigundenkapelle · Am Bullenheimer Berg · Weinparadiesscheune · Mai–Okt. Mi–Fr 13–24,
Sa 12–24, So 11–24 Uhr; Nov.–Apr. Mi–Fr 13–20, Sa 12–20, So 11–20 Uhr
Tel. 09339/98 96 80 · 97258 Ippesheim-Bullenheim · www.weinparadies-franken.de

84 DIE DAMEN VON MARKTHEIDENFELD

Da sitzen sie, die Damen. Und sitzen. Das ganze Jahr. Bewegen müssen sie sich auch nicht, denn sie sind aus Industriekeramik. Daneben freilich schlenkert mal ein Bein oder neigt sich ein Kopf. Denn bei den Skulpturen von Hilde Würtheim nehmen im Marktheidenfelder Stadtgärtchen auch Menschen aus Fleisch und Blut Platz.

Er ist ein Refugium, dieser versteckt hinter einer Mauer liegende Garten am Oberen Mainkai. Tagsüber kommen die Leute in ihrer Mittagspause vorbei, am Nachmittag wird viel gelesen, am Abend geplauscht. Und im Juli darf's dann auch minimal lauter werden: Dann kommen im Rahmen einer alljährlichen Konzertreihe Singer-Songwriter und Weltmusiker zu Gastspielen. Aber auch Leseveranstaltungen gibt's in der grünen Oase oder Tai-Chi-Kurse.

Aber das Stadtgärtchen ist auch ein Ort der bildenden Kunst. So stehen dort Buntsandsteinskulpturen des zeitgenössischen Marktheidenfelder Künstlers Erich Gillmann. Am augenfälligsten freilich sind Hilde Würtheims sitzende Damen. Übrigens keineswegs ein Zufall, dass da kein Mann sitzt, so die Künstlerin: »Männer gehen mir nicht so leicht von der Hand, denn sie neigen zum Posieren.« Also Frauen. Die saßen 2015 plötzlich über die ganze Marktheidenfelder Altstadt verteilt und sollten aufmerksam machen auf die Unterfränkischen Kulturtage. Doch gefielen die Keramikskulpturen Bürgern und Geschäftsleuten derart gut, dass sie einige erwarben, damit sie in der Stadt bleiben konnten – drei davon eben im Stadtgärtchen.

Dort passen sie sich harmonisch in das Ensemble aus Bäumen, Wiese, Brunnen, Kunst, Sitzgelegenheiten und verschlungenen Wegen ein. Das Stadtgärtchen selbst wiederum fügt sich nicht minder harmonisch in das Gesamtgebilde der von alten Nussbäumen gesäumten Marktheidenfelder Uferpromenade. Von der Mitte des 19. Jahrhunderts erbauten Mainbrücke zieht sich ein üppiger Rad-Fuß-Weg entlang des Mains an der Altstadt vorbei. Der Schiffermast von 1955 erinnert daran, dass die Marktheidenfelder jahrhundertelang von Fischfang und Schifffahrt gelebt haben.

Stadtgärtchen · Mai–Okt. tägl. 9–21 Uhr · Oberer Mainkai · 97828 Marktheidenfeld
www.stadt-marktheidenfeld.de · Stadtbus Obertorstraße

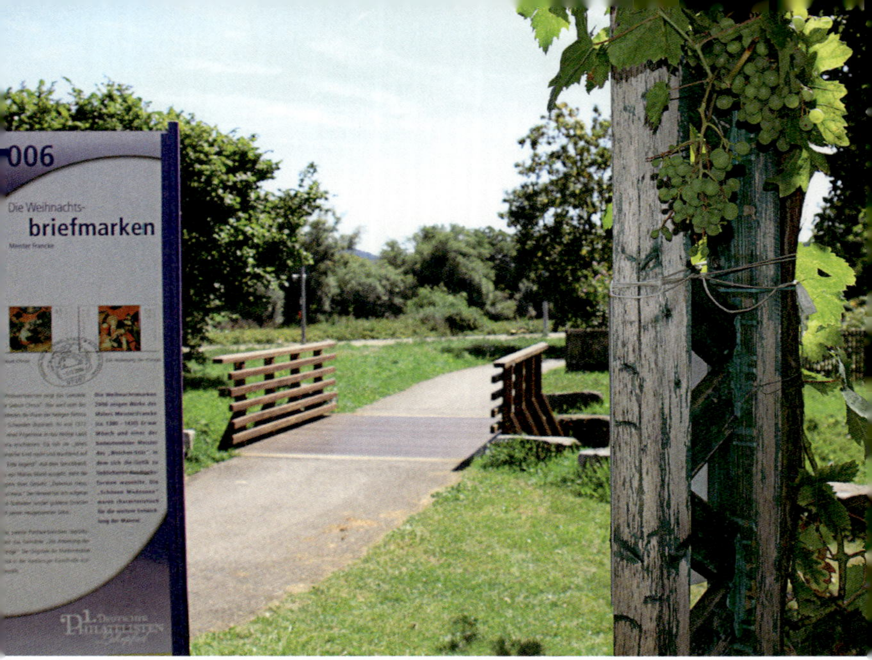
006
Die Weihnachts-
briefmarken
Meister Francke

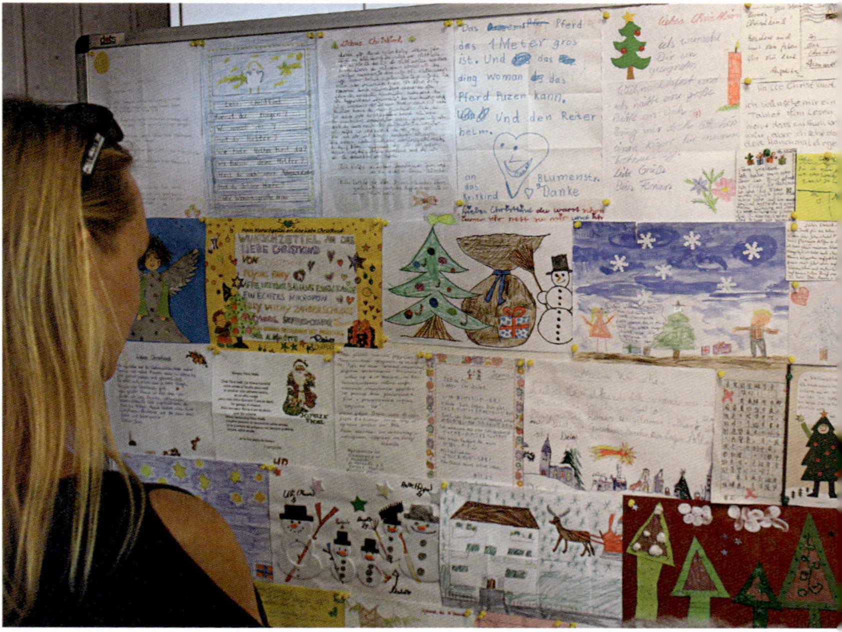
Das Pferd
das 1 Meter gros
ist. Und das
ding woman das
Pferd Puzen kann.
Und den Reiter
helm.
Blumenstr.
Danke

VON BRIEFMARKEN UND BLUMEN

85

Auch auf den Brief ans Christkind gehört eine Briefmarke. Mit Weihnachtspost kennen sie sich aus in Himmelstadt. Der Ortsname ist Programm, sogar ein Weihnachtspostamt gibt es hier. Und auch den Philatelisten-Lehrpfad. Er schlängelt sich am Mainufer durch Schrebergärten – und durch die Geschichte der Briefmarke.

Sondermarken bebildern die zahlreichen dreiseitigen Informationsstelen. Auf einer Seite finden sich Weihnachtsmotive, auf einer weiteren Briefmarken, die an bedeutende historische Ereignisse eines bestimmten Jahres erinnern. Und auf der dritten werden Motive aus der Sondermarkenserie »Blumen« präsentiert. Sämtliche hier gezeigten Blumen werden wiederum im angrenzenden Philatelie-Garten von freiwilligen Helfern gepflanzt und gepflegt.

> Gleich nebenan, direkt am Mainufer-Radweg, gibt es im stilvollen Biergarten »Downtown« kühle Getränke und eine prima Currywurst.

Ausgangspunkt der liebevoll in die Ufernatur eingebetteten Runde von Deutschlands erstem Philatelie-Weg ist das historische Postamt an der Mainbrücke, die beide Teile des Ortes miteinander verbindet. Dort werden noch einmal die Zeiten wach, in denen der Brief das war, was heute soziale Medien und E-Mails übernommen haben. Und das Postamt war nicht nur ein Medium, sondern selbst ein Ort der Kommunikation: Hierhin kamen die Leute auch, um miteinander zu reden.

Über einen gläsernen Pavillon gelangen Sie auf den eigentlichen Pfad, vorbei an einem ökologischen Weinlehrpfad, wo sogar von den verschiedenen Rebsorten genascht werden darf. Zwischen Büschen und Steinnischen finden Sie zahlreiche Plätze, um sich einfach mal hinzusetzen und die Seele baumeln zu lassen. Vorausgesetzt, es ist nicht Weihnachtszeit: Denn da ist Trubel rund ums historische Postamt, das dann zum einzigen bayerischen Weihnachtspostamt wird und in dem 40 ehrenamtliche Helfer zu tun haben, die rund 80 000 Wunschzettel von Kindern aus aller Welt zu bearbeiten. Einige dieser Briefe sind ganzjährig ausgestellt.

Erster deutscher Philatelisten-Lehrpfad · durchgehend begehbar · linkes Himmelstadter Mainufer
www.himmelstadt.de · ab Bahnhof 10 Min. Fußweg über die Brücke

86 DER TEUFEL UND DIE ALTEN BASALTPRISMEN

Wer schon einmal in Nordirland war, der mag die Geschichte vom Riesen Finn kennen. Wer nicht, hat zumindest von der dazugehörigen Naturschönheit der Basaltsäulen an der Küste gehört. Auch nicht? Dann werden Sie beeindruckt sein von der geologischen Formation in der Rhön. Sie ist etwas kleiner geraten, aber nicht minder mysteriös.

Nun, mitten im Wald auf dem 735 Meter hohen Gangolfsberg gelegen, wollen die rätselhaften Gesteinsformationen erst einmal erwandert werden. Wählen Sie den 14 Kilometer langen Naturlehrpfad durchs Biospährenreservat, sollten Sie festes Schuhwerk tragen. Als Ausgangspunkt eignet sich der Wanderparkplatz am »Schweinfurter Haus«, einer Hütte des Rhönklubs. Denn dann befindet sich auch ihr Ziel dort, wo es zur Stärkung unter anderem leckere Wildscheinbratwürste gibt – drei an der Zahl, mit hausgemachtem Kartoffelsalat. Wer nur die Basaltsäulen sehen mag, der findet sie auch mit einem fünf Kilometer Hin-und-Zurück-Weg. Und wird nicht enttäuscht werden. Die so steile wie bizarre Wand scheint den Wanderer anzustieren. Die schräg heraustretenden Säulen sind das Resultat vulkanischer Aktivität. Im mittleren Tertiär war Magma im Schlot des Kegels stecken geblieben und unter dem hohen Druck im Erdinneren erkaltet – in Form dieser kantigen Säulen. Die fortschreitende Erosion hat sie im Lauf von Jahrmillionen freigelegt. Vom »Gipfel« der Basaltprismen führt eine abenteuerliche Felsstiege hinunter zum »Teufelskeller«. Eine Höhle, die entstand, als ein gigantischer Felsbrocken abgestürzt und so zum Liegen gekommen ist, dass ein bizarr anmutender Hohlraum entstanden ist. Die Sagen erzählen das abenteuerlicher: Der Teufel sei erbost gewesen vom Wirken des Heiligen Kilian, habe alle für den Bau einer Kirche gelagerten Steine auf den Gangolfsberg geschleppt und zu der Formation verkeilt, auf dass sie nicht mehr nutzbar seien. Oder: Der Teufel habe in der Höhle gehaust und brave Bürger zu Unrecht verleitet, bis ein mutiger Pfarrer ihn mit Weihwasser vertrieben haben soll. Manchmal soll es dort noch nach Schwefel riechen.

Basaltsäulen und »Teufelskeller« · ganzjährig frei zugänglich · Zufahrt von der Verbindungsstraße zwischen Urspringen und der Thüringer Hütte am Abzweig »Schweinfurter Haus« · www.rhoen.de

DIE VERGESSENE REICHSAUTOBAHN

87

Mit dem Wanderstock über die Autobahn – erzählen Sie das bloß nicht Ihren Kindern! Auf der »Strecke 46« aber ist's ungefährlich, denn hier fuhren noch nie Autos. Der Zweite Weltkrieg beendete den Plan des kurzen Weges von Bad Hersfeld über Fulda nach Würzburg. Geblieben sind vergessene Zeitzeugen im Wald.

Was soll dieses Ungetüm aus Stahl und Beton mitten auf der Wiese vor Schonderfeld? Man muss zwei-, dreimal Richtung und Perspektive wechseln, um zu erahnen: Das ist ein Brückenpfeiler. Und das auffälligste Relikt einer Autobahn, die schon vor Hitlers Machtergreifung geplant war, später von der Nazi-Propaganda dem Volk als eine weitere »Straße des Führers« verkauft wurde. Fünf Stunden Fußweg dauert der 24 Kilometer lange Abschnitt zwischen Gräfendorf im Süden und Rupboden im Norden. Nicht auf einem ausgeschilderten Wanderweg, nein, ein bisschen Abenteuerlust und vielleicht ein Fußgänger-Navi braucht's schon, um entlang der Hochstraße einen Pfad und jedes Bauwerk zu finden.

Ins Auge fallen die beiden Brücken am Anfang und Ende der Route. Kleine Straßen führen hindurch, und Sie merken erst, dass Sie ein sinnfreies Bauwerk unterqueren, wenn Sie nach oben blicken: Denn die darüber gelegene vermeintliche Straße ist überwuchert von Bäumen und Sträuchern. Hier sollte einmal reger Verkehr herrschen, wenn der Krieg den Bau der Autobahn nicht 1940 gestoppt hätte. Dabei fehlte nur noch die Fahrbahndecke. Und so steht auch der Brückenpfeiler, die zweite Station von Süden aus, etwas unsinnig da. Nun, heute machen sich Kletterer das Gebilde zu Nutze.

Von denen Dieter Stockmann weniger erzählt. Der Leiter der Naturschutzbehörde im Landratsamt Mainspessart vermittelt auf seinen Führungen neben Detailwissen auch Anschauungen der Zeit des Nationalsozialismus: »Die sogenannten Autowanderer sollten nicht nur schnell von A nach B kommen, sondern die Schönheiten der deutschen Landschaft abfahren.« Weshalb auch Brücken und Pfeiler mit Steinen aus der Region verblendet wurden.

Strecke 46 · von Gräfendorf nach Burgsinn · Führungen über Dieter Stockmann · Tel. 0931/95 02 43
www.strecke46.de · Bahnhof Gräfendorf

88 EIN TEMPEL FÜR VERLIEBTE

Sechs Säulen, eine Art Kuppel – das genügte dem seinerzeit stellvertretenden Landrat, um von der Münnerstadter Akropolis zu sprechen, als der Verlobungstempel präsentiert wurde. Und er sei in seiner Bedeutung so was wie der Eiffelturm für Paris. Na ja. Aber ein hübsches Gebäude ist es – und der Blick hinunter wunderschön.

Und darauf kam's ihm an, dem Karl Beudert. Der Vorsitzende des Münnerstadter Gartenbauvereins war sehr oft oben auf dem Hügel im Nordosten der Stadt, ärgerte sich – trotz der famosen Aussicht – ein ums andere Mal, dass da nur noch ein windschiefes Bänkchen an den beliebten Jugend-Treffpunkt von einst erinnerte. Was wurde da schon vor 50 Jahren geknutscht, wie viele Ehen mögen hier ihren Anfang genommen haben? Verlobungstempel hätten sie das Fleckchen immer genannt, erzählte ihm beim gemeinsamen Spaziergang oder bei einer Halben im Wirtshaus (das wissen sie nicht mehr so genau) sein Bekannter Robert Lenhart. Dabei stand da doch nie ein Gebäude. »Warum also nicht ein kleines Tempele bauen?«, sinnierten die beiden. Beudert reichte 2007 einen Antrag ein, 2008 stand das »Tempele« – selbstverständlich gesegnet, das macht man in Franken halt so.

Seitdem steht der Verlobungstempel, bar jeglicher architektonischer Vorlage, schmuck auf einem Natursteinpodest, das hölzerne Dach mit dunkelroten Schindeln gedeckt, hoch über Münnerstadt. Verloben muss aber nicht zwingend sein, kommt man hier herauf, Tisch und Bänke nebenan laden auch zu einer Brotzeit ein. Aber wenn sich dann doch mal ein Paar das Versprechen geben will, dann arrangiert die Stadt schon auch einen kleinen Sektempfang. Beudert schmunzelt: »Private und öffentliche Verlobungen finden hier statt. Selbst aus Südaustralien kamen schon Anfragen zum Verlobungstempel.« Auf dass sie sich ewig binden mögen …

> 💡 Von Ende August bis Mitte September bevölkern an drei Sonntagen Ratsherren, Bürger, Soldaten und Bauern in historischen Kostümen Münnerstadt, www.heimatspiel-muennerstadt.de.

Verlobungstempel · Leo-Weismantel-Straße 16 · 97702 Münnerstadt · ab Marktplatz ca. 15 Min. Fußweg über Riemenschneider-, Meininger- und Zehntstraße

ENTSCHLEUNIGEN BEI REIHER UND EISVOGEL

89

Die Mainschleife mit ihren postkartentauglichen Weinbergen im Süden, das Wanderparadies Rhön im Norden – da versinkt die Seen- und Wiesenlandschaft unmittelbar unterhalb der Kulturstadt Schweinfurt zwangsläufig in der touristischen Bedeutungslosigkeit. Nicht aber in Belanglosigkeit.

Links des Mains, gegenüber des Dörfchens Garstadt, liegt ein Vogelschutzgebiet – Natur pur, ironischerweise in direkter Nachbarschaft zum stillgelegten Kernkraftwerk Grafenrheinfeld. Dank der üppigen Vegetation bekommt man dieses freilich kaum zu Gesicht. Beworben wird dieses Kleinod nicht. Und das ist auch gut so. Sie sollten schon sehr naturverbunden sein, wenn Sie sich aufmachen zu dem Parkplatz, den Sie nahe des Klosters Maria Hilf in Heidenfeld von der Mainstraße abzweigend erreichen (Hinweisschild »Vogelschutzgebiet«). Ab dort geht es ausschließlich zu Fuß und möglichst nicht allzu laut durch ein Wirrwarr aus kleinen Seen auf gut befestigten Wegen und Pfaden durch eine stille, beinahe mystische Landschaft. Nichts ist hier spektakulär – und genau das ist das Spektakuläre. Diese Welt gehört seit 1988 den Vögeln. Die Natur richtet sich hier kaum nach dem Menschen: Die Feuchtauen sind wild belassen, Schilf wuchert an den Ufern, die Bäume dürfen, so unter der Last der Jahre zusammengebrochen, liegen bleiben als Totholz. 270 Vogelarten tummeln sich hier, darunter Rebhuhn, Zwergdommel, Purpurreiher, Grauspecht, Nachtigall, Blaukehlchen und selbst der Eisvogel. Klar, und auf dem Wasser dümpeln entspannt auch einige Enten.

Ein bis fünf Stunden können Sie, je nach gewählter Strecke (5, 12 oder 21 Kilometer), hier spazieren gehen, ohne mehr als einer Handvoll Menschen zu begegnen. Wenn Sie dabei auch die Vögel beobachten möchten, sollten Sie Frühaufsteher sein. Und damit am Ende der Touren eine kleine Belohnung liegt, sollten Sie gegen den Uhrzeigersinn unterwegs sein: Dann wartet kurz vor dem Parkplatz ein hölzerner Aussichtsturm – samt wunderschönen Blick über die Seen.

Vogelschutzgebiet Garstadt (obwohl die Zufahrt auf der anderen Mainseite über Heidenfeld erfolgt) · ganzjährig frei zugänglich

90 MIT FRANZISKUS DURCH DIE RHÖN

»Für mich ist dieser Weg ein modellierter und in Holz geschnittener Lobpreis auf den Schöpfer, für die Schöpfung und durch die Schöpfung.« Günter Werner ist der Initiator des Rhöner Franziskusweges – und schöner lässt sich die eineinhalbstündige Rundwanderung von der »Thüringer Hütte« aus kaum in Worte kleiden.

Der Mensch im Einklang mit der Natur und mit sich selbst: Diesen Gedanken wollen die auf fünf Kilometer verteilten zehn Kunstobjekte vermitteln. Lehrkräfte und Schüler der Holzbildhauerschule Bischofsheim haben die Werke geschaffen, die den »Sonnengesang« des heiligen Franziskus von Assisi illustrieren. Eingebettet in die bewusst wenig anspruchsvolle Strecke, damit die Besucher sich ganz auf ihre Gedanken konzentrieren können, ist auch ein »Lebensweg«: Bilder aus dem Lebensalltag von Menschen sollen ebenfalls reflektierend an Franziskus und sein Wirken heranführen.

> Ob vor oder nach der kleinen Wanderung – schmackhafte Stärkung gibt's auf der »Thüringer Hütte«. Besonders lecker: der gebackene Leberkäse mit Bratkartoffeln.

Los geht's an der Franziskuskapelle, geschaffen aus Rhöner Rohmaterial: Basalt und Holz. Rote Täfelchen mit einem »T«, dem franziskanischen »Tau«, führen durch den dichten Wald, nur gelegentlich geht es über Lichtungen und erst zum Ende hin, symbolisch, ins lichtdurchflutete Freie. »Blick ins Weite« heißt denn auch die letzte Station – ein Holzrahmen, in dem, aus Metall gearbeitet, eine Vogelschar die Sonne umkreist. Weitere Stationen beschäftigen sich mit »Mutter Erde«, »Bruder Mond« oder »Schwester Sonne«. Die Kunstobjekte greifen immer die landschaftlichen Gegebenheiten auf, sorgen für eine Symbiose von Natur, menschlicher Arbeit und Gedanken. So wurde zum Thema Frieden das Geländer einer hölzernen Brücke zu einer Hand gestaltet – einer Hand, die den Weg weist, aber auch einer Hand, die einem gereicht wird. Auch Rollstuhlfahrer können all das auf gut ausgebauten Wegen erleben, nur drei der 17 Stationen sind für sie nicht erreichbar.

Franziskusweg · ganzjährig frei zugänglich · Start/Ziel: »Thüringer Hütte« Mi–So 10–18 Uhr · Thüringer Hütte 1 · 97647 Thüringer Hütte · Tel. 09779/562 · www.franziskusweg.de · Regionalbus Thüringer Hütte

SCHWEINFURTS BLUTRÜNSTIGE JUNGFRAU

91

Empor steigt der Delinquent, es erwartet ihn eine recht hübsche Jungfrau – Verbrecherherz, was willst du mehr? Wenn die Dame nicht zwei Schwerter in der Hand gehalten und gern damit Köpfe abgeschlagen hätte. Diese bluttriefende Sage geistert durch die Gemäuer am Jungfernkuss, einer mittelalterlichen Turmanlage.

Die Schweinfurter Stadtmauer schlängelt sich eindrucksvoll um die Altstadt, etwa eineinhalb Stunden dauert der Spaziergang entlang der mächtigen Wehrgänge von Turm zu Turm. Vor einem im Südwesten bleibt man kopfschüttelnd stehen: Bei dieser halb runden, um 1560 errichteten Anlage, die von der Mainseite aus über ein paar Stufen zu erklimmer ist und im Volksmund den Namen Jungfernkuss hat. Einst war von zwei Bauten im Garten des Karmeliterklosters die Rede, dem Pulverturm und eben dieser »Wehr im Eck«.

> Die Parkanlage am Turm ist der Alte Friedhof, in dem kunstvolle Grabsteine stehen und auch Eltern und Schwestern des Dichters Friedrich Rückert begraben liegen.

Letztere gibt heute Rätsel auf. Eine Treppe führte früher auch hinunter in zwei Gewölbe – waren es Kerker? Den Namen Jungfernkuss bekam der Turm erst um 1800, als sich wilde Spekulationen um ihn rankten. Gab es im nahen Kloster Folterungen? Und wirklich dieses schauderhafte Strafgericht? Verurteilte sollen zum Turm geführt worden sein, um die dort wartende Jungfrau (oder vielleicht doch nur ein Bildnis von ihr) zu küssen. Schon sausten Schwerter überquer und trennten den Leib vom Kopf, der in einen Wasserbottich tief drunten plumpste. Färbte sich in der Umgebung ein Gewässer rötlich, soll's geheißen haben: »Seht ihr, die Jungfrau hat wieder gearbeitet.«

Ob die Jugendlichen, die sich abends hier gern treffen, wissen, wie blutbesudelt der Boden ihrer romantischen Flirterei womöglich ist? Kaum. Auch die Stadt Schweinfurt wird 2008 kein Gruselkabinett im Sinn gehabt haben, als sie die Geschosse des Turms renovierte und so eine Aussichtsplattform in diesem schattigen Refugium mit seinen zahlreichen Ruhebänken schuf.

Jungfernkuss · ganzjährig und ganztags begehbar · Zugang über Schultesstraße zwischen Mainpost und Musikhochschule · Schweinfurt Bus 8137, 8160, Heilig-Geist-Kirche

92 STEINERNES MÄRCHEN IM WALD VON EBERN

Wald, nichts als Wald. Mittendurch zieht sich das Sträßchen von Ebern nach Gereuth. Bis links ein Parkplatz und ein Schildchen auf eine Burg hinweisen. Erst nach einigen Schritten hinein in den Wald öffnet sich der Blick auf eine der skurrilsten Ruinen Süddeutschlands: die Felsenburg Rotenhan – eine bemooste Märchenwelt.

Der Würzburger Bischof Wolfram von Grumbach war ein gerissener Kerl: Dass die mächtige, aber edelfreie Familie Rotenhan in den Haßberge-Wäldern diese stattliche, im Fundament aus natürlichem Fels gehauene Burg bewohnte und sich vom Bistum Würzburg weg nach Bamberg orientiert hatte, gefiel ihm so wenig, dass er sie um 1322 der Falschmünzerei und des Totschlags bezichtigte – um dann das Anwesen mit kaiserlichem Segen zu zerstören. 150 Jahre hatte dieses architektonische Meisterwerk aus gewaltigem Naturstein und aufgesetztem, teils sehr filigranem Mauerwerk gehalten. Letzteres ist heute verschwunden, ein paar Mäuerchen zeugen noch von der Pracht des Bergfrieds, des geräumigen Palas und der Torkapelle. Geblieben sind die monströsen Felsgesteinquader, in denen es sich dank der Treppen herrlich herumkraxeln lässt. Das beeindruckendste Relikt ist das Spitzbogenportal mit der dahinter liegenden breiten Treppe, die wohl in die Kapelle führte. Der östlich gelegene Hauptfelsen trug einst den Bergfried. Die in den Stein gehauenen Abstufungen dienten der Verzahnung mit dem aufgesetzten Mauerwerk. Ganz vom dichten Wald geschluckt sind Vorbauten, die wohl der Kernburg hangabwärts vorgelagert waren. Noch ein bisschen weiter den Hang hinunter hatte es die Familie dann nach der Zerstörung ihres Anwesens gezogen – im Tal erbauten die Rotenhans, zum Teil aus Steinen der Burg, Schloss Eyrichshof, heute die deutlich stärker frequentierte Sehenswürdigkeit der Region um Ebern.

Deutscher Burgenwinkel im Naturpark Haßberge – rund um Gereuth liegen besonders viele Burgen und Schlösser, die während einer Tageswanderung besichtigt werden können.

Burgruine Rotenhan · durchgehend geöffnet · Infos: Günter Lipp
Tel. 09535/500 und 09531/629 14 · 96106 Ebern-Rotenhan · www.deutscher-burgenwinkel.de

R3
Ein Männlein Weg
Steht im Walde

GESPENSTISCHER
THEINHEIMER REITER

93

»Ein Männlein steht im Walde ...« Ob August Heinrich Hoffmann von Fallersleben je durch diese Ecke des Steigerwalds geschlendert ist? Gewiss ist nur: Die Anfangszeile seines berühmten Kinderliedes von 1843 ziert das Täfelchen unter der geschnitzten Grimasse. Und hier startet der eigentliche Theinheimer Skulpturenweg.

Bevor der rund sieben Kilometer lange Rundweg in den Wald biegt, gibt's erst einmal einen kleinen Aufstieg aus der Ortschaft Theinheim heraus über einen gut planierten Feldweg. Doch die erste Abwechslung lässt nicht lange auf sich warten, nach ein paar Minuten, gleich hinter dem Jugend-Zeltplatz, zweigt links ein kleiner Pfad in einen kleineren Baumbestand: ein 1903 errichteter Kreuzweg, dessen 15 Stationen aus Terrakotta-Reliefs bestehen, integriert in Sand-Bruchstein-Gemäuer. Das durchs Laub brechende Licht verleiht den wenigen Hundert Metern Weg eine magische Ausstrahlung – mal abgesehen vom Karfreitag, wo man vor lauter Pilgern kaum den Erdboden sehen kann.

Weiter oben dann winkt Sie der erste hölzerne Waldschrat ins dichtere Gehölz. Auf der mit »R3« gekennzeichneten Route durch den Theinheimer Wald laden immer wieder direkt am Wegrand oder etwas abseits versetzte Schnitzereien zum Verweilen ein. Ob die »Theinheimer Glocke« oder der »Gespenstische Reiter« – auf den kleinen silbernen Schautäfelchen werden die abenteuerlichsten Schauermärchen erklärt. Kostprobe gefällig? »An der Kirchhofsmauer zu Theinheim galoppiert nachts ein gespenstischer Reiter ohne Kopf vorüber hin zur Katzenklinge – hier vernimmt man zu gewissen Zeiten Wehklagen.«

Hinter dem Spuk steht ein ortsansässiger Gastronom, der dem Schnitzer Adam Müller und dem Motorsägenkünstler Dietmar Herold freien Lauf gelassen hat – Hauptsache, es gruselt etwas. Oder ist zumindest rätselhaft, wie »Der geheimnisvolle Kirchturm«. Aber Sie müssen keine Angst haben: Das Ganze ist, dank reichlich Augenzwinkern, auch für Kinder ein Heidenspaß.

Skulpturenweg · Start am Gasthof Zum Grünen Baum Schulterbachstr. 15
96181 Rauhenebrach-Theinheim · www.bayer-theinheim.de · Bus 8178 Theinheim

94 DER ETAGENSTRAND VON SCHWEINFURT

Sonne, Sand, Strand – das bisschen Meer braucht's längst nicht mehr. Stadtstrände sind in. Fluss, Ufer, Liegestühle und Schirme, fertig ist der kleine Urlaub. In Schweinfurt verteilt sich die Kulisse für Caipi und Hugo gleich auf mehrere Etagen, denn der Stadtstrand schmiegt sich an eine Bastion der Stadtmauer, den wunderschönen Blick auf den Main bekommen Sie gratis dazu. Essen und Getränke holt man sich an einer schicken Piratenbude, und dann folgt die Qual der Wahl: Hoch droben in der Liege lümmeln? Etwas tiefer auf den Holzterrassen? Ganz gediegen an der Kaimauer sitzen oder doch gegenüber ein Plätzchen im Surferparadies finden?

Stadtstrand · Von Ostern bis Sept. Mo–Do 15–23, Fr 15–24, Sa 13–24, So 13–23 Uhr
Am Unteren Marienbach 14 · 97421 Schweinfurt · Tel. 09721/549 71 36
www.stadtstrand-schweinfurt.de · Bus 51, 52, 71 Unterer Marienbach

95 WO BUNTE KARPFEN IN DIE SONNE BLINZELN

Dieses Fleckchen ist ein Geschenk des Himmels: Gottesgab – ein Weiler zwischen unzähligen Karpfenteichen. Er ist Teil des Karpfenrundwegs. Am besten starten Sie in Uehlfeld: Ambitioniertere Wanderer und Radfahrer bewältigen die ganzen 25 km, Spaziergängern reichen die 2,5 km nach Gottesgab. Da wartet oberhalb der Weiher ein Bänkchen auf Sie – mit toller Aussicht über die Teiche mit jenen Karpfen, deren Pappmaschee-Abbilder auf der Wegstrecke Ihre bunten Begleiter sind: An 20 Stationen stehen 100 von Hobbykünstlern geschaffene Kunstkarpfen auf Metallstäben und blinzeln in die Sonne. In Uehlfeld wartet auf Sie eine Stärkung im Brauerei-Gasthof Zwanzger – im Sommer bevorzugt im lauschigen Biergärtchen. Braumeister Christian führt mit seiner Frau Susanne die Familientradition des 1639 eröffneten Betriebs in zwölfter Generation fort. Spezialität: eine sehr scharfe Bratwurst.

Karpfenrundweg · von und nach Uehlfeld · Gemeindehaus Rosenhofstr. 6 · 91486 Uehlfeld
Tel. 09163/9 99 00 · www.uehlfeld.de · Regionalbus Uehlfeld

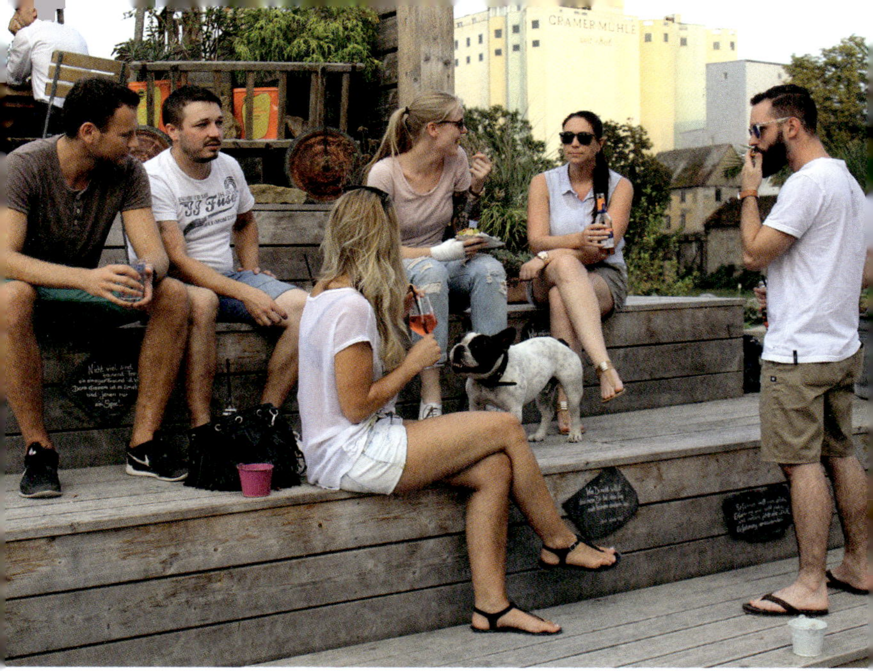
CRAMER MÜHLE

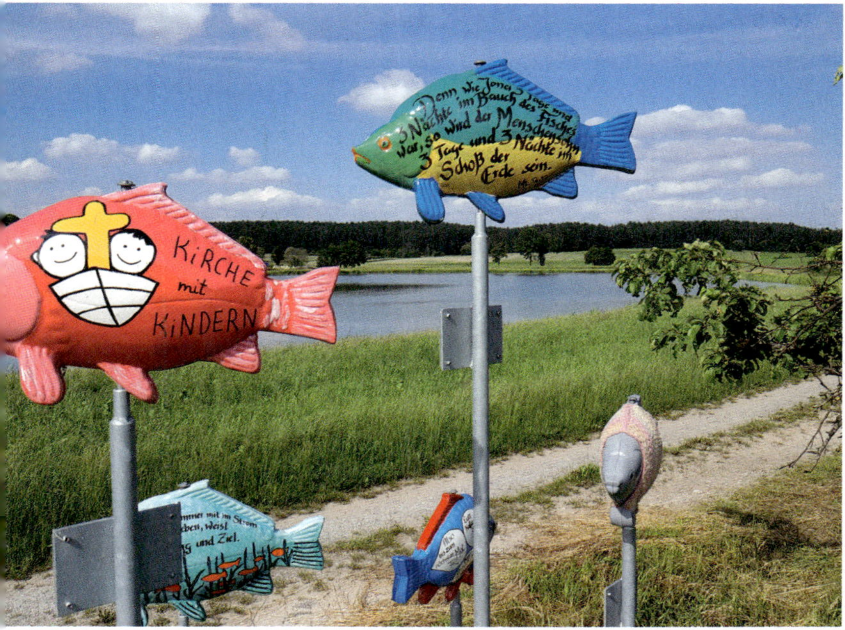
KiRCHE
mit
KiNDERN
Denn wie Jona 3 Tage und
3 Nächte im Bauch des Fisches
war, so wird der Menschensohn
3 Tage und 3 Nächte im
Schoß der
Erde sein.

96 SPAZIEREN ZWISCHEN DEN SCHLEUSEN

Von Kelheim nach Bamberg sind es 172,4 Kilometer. Zumindest auf dem Wasser. Doch das war einmal. Geblieben ist vom schiffbaren bayerischen Teilstück der Verbindung zwischen niederländischer Nordsee und Schwarzem Meer nämlich nicht mehr viel – dafür aber ein idyllisches und zum Teil verborgenes Naherholungsgebiet.

Ludwigskanal nennen sie die verbliebenen Abschnitte der im 19. Jahrhundert auf Anordnung König Ludwigs I. geschaffenen, künstlichen Wasserader heute. Wohl auch, um einer Verwechslung mit dem »Nachfolger« Main-Donau-Kanal vorzubeugen. Dessen Ausmaße hatte der Ludwigskanal, der ab 1950 aufgelassen und zwischen Nürnberg und Bamberg beinahe komplett überbaut wurde, nie. Er war schon zu Zeiten, als noch Schiffe hindurch glitten, eher beschaulich. Und genau das macht heute seinen Reiz aus. Wälder, Wiesen und Spazierwege säumen die Ufer.

Der wohl schönste Abschnitt des Kanals findet sich Nahe Schwarzenbruck, zwischen den eindrucksvoll gestalteten und bestens erhaltenen Schleusen 51 und 53. Radfahrer, Jogger und Fußgänger sind gute Nachbarn auf den sandigen, gut ausgebauten Wegen. Durch die Wipfel der Bäume bricht sich das Sonnenlicht, webt ein flirrendes Netz über das still vor sich hingurgelnde Wasser. Wanderer träumen auf einer der Bänke oder setzen sich auf den Rand einer Schleusenmauer und lassen die Beine baumeln. Die Zeit? Die steht still. Das war nicht immer so. Auch wenn die zwischen 1836 und 1846 erbaute Wasserstraße ihre intensivste Nutzung nur in den ersten 15 Jahren hatte. Ab 1860 war das Eisenbahnnetz in Bayern so gut ausgebaut, dass das Frachtaufkommen auf dem Ludwigskanal abnahm. Mehr und mehr versank er in wirtschaftlicher Bedeutungslosigkeit, der Bombenhagel von 1945 tat ein Übriges. Geblieben sind rund 60 Kilometer – mit auffallend vielen Biergärten in der Nähe. Und nahe Schwarzenbruck die sich über die Ludwigskanal-Passage zu einem Rundweg erschließende Schwarzachklamm mit der gewaltigen Gustav-Adolf-Höhle.

Ludwigskanal · ganzjährig und ganztags zugänglich · Schleusenabschnitte 51–53
90592 Schwarzenbruck · Haltestelle: Bahnhof Ochenbruck

WANDERN ZWISCHEN FACHWERK UND FELS

97

Der Fels muss doch jeden Moment herunterstürzen! Keine Angst, er stürzt nicht. Wäre ja schade um diese Kulisse: Kurz vor Velden hängt die Wand links der Pegnitz atemberaubend über dem Spazierweg. Rechts der Fluss, geradeaus eine Mühle und Fachwerkhäuser. Nein, das ist nicht kitschig: Das ist die Hersbrucker Schweiz.

Doch vor dem Genuss steht – jawohl, die Anstrengung. Eine kleine zumindest. Denn die Rundtour vom Bahnhof Rupprechtstegen aus fordert Ihnen immerhin 245 Höhenmeter ab. Das ist nicht viel, die Anstiege zwischendurch sind aber nicht unbedingt sanfte Rampen. Den Weg weist der »Grüne Strich«, die Markierung an den Bäumen. Bis Lungsdorf geht es immer der Pegnitz entlang – nicht sonderlich spektakulär, wenn da nicht diese vielen Eisenbahnbrücken wären. Sie erinnern in diesem Wald-Berge-Mix an Modelleisenbahnen. Auch ihre Eisenkonstruktionen wecken die alten Märklin-H0-Kinderträume.

> Brotzeit in einem echten Eisenbahnwaggon – am Rupprechtstegener Bahnhof steht einer, von 1930, schön nostalgisch. Ein Biergärtchen gibt's davor auch.

Schade: Die Bahn möchte sanieren und auf Beton setzen, und der Region fehlen die Mittel, das langfristig zu verhindern. In Lungsdorf angekommen, stellt sich Ihnen dann jedoch eine ganz andere Frage: Weiter auf den »Grünen Strich« setzen oder doch lieber an der Pegnitz entlanggehen? Letztere Alternative ist nicht ganz so hübsch und führt zunächst ein paar Hundert Meter an der Straße entlang. Doch schiebt sich anschließend umso beeindruckender und anhaltender Velden mit seinen spektakulären Felsen ins Blickfeld. Für zusätzliche Spannung sorgen die ebenso zahlreichen wie waghalsigen Kletterer. Dieser Teil ist sicher der beeindruckendste der Hersbrucker Schweiz. Wer nach einer kleinen Rast in Velden nicht denselben Weg zurück nehmen mag, dem sei die Route entlang dem »Blaukreuz« ans Herz gelegt: über den Sportplatz, durchs Kipfental, das Ankatal und vorbei an der Felsengrotte Andreaskirche in Richtung Rupprechtstegen.

Täler-Rundweg von Rupprechtstegen nach Velden · Start/Ziel am Rastwaggon in Rupprechtstegen · Do–Mo 11–20 Uhr · Tel. 09152/408 55 85 www.rupprechtstegen.de/rastwaggon

98 DER BAUCHNABEL FRANKENLANDS

Die Geometer müssen's wissen: Hier und nirgendwo sonst grenzen Ober-, Mittel- und Unterfranken aneinander. Und darum steht da seit 1978 der massige Dreifrankenstein. Quasi der Bauchnabel Frankens – auf einer waldnahen Wiese zwischen Heuchelheim, Wasserberndorf und Freihaslach.

Bei derart politischem und verwaltungstechnischem Gewicht versteht es sich von selbst, dass da nicht nur ein simpler Stein die fränkische Schnittstelle ziert. Zweieinhalb Tonnen wiegt der Brocken Muschelkalk. 1,70 Meter Breite misst er am Fundament, 2,80 Meter ragt er in die Höhe – eine imposante Erscheinung im Naturpark Steigerwald. Der Steigerwaldclub führt alle fünf Jahre eine große Sternwanderung zum Dreifrankenstein durch, das ganze Jahr gibt es einen 40 Kilometer langen Rad-Rundweg über die Gemeinden Schlüsselfeld, Burghaslach und Geiselwind um diesen zentralen Ort herum.

> Der technikaffine und vor allem humorvolle Wanderer kann seine Stöcke an einer Ladestation aufladen: einfach die Spitzen in Löcher stecken, sich auf die Stockenden stützen – und Kraft tanken.

Korrigiert wurde mit dieser Markierung auch das alte fränkische Dreiländereck, das vor der bayerischen Gebietsreform 1972 noch zwischen Ebersbrunn und Kleinbirkach gelegen hatte. Mitten im Wald zeugte eine 1,35 Meter hohe Sandsteinsäule davon. Einige unbekannte Spaßvögel hatten 1993, zu ihrem 101-jährigen Bestehen, die alte, gerade restaurierte Dreifrankensäule »verschleppt«; über Nacht stand sie plötzlich neben dem neuen Dreifrankenstein: Der geplante Festakt schien für einen Moment ins Wasser zu fallen. Doch die Franken sind halt Menschen der Tat, und so schnell das alte Denkmal verschwunden war, so schnell ward es auch wieder zurück an den ursprünglichen Standort gebracht.

Direkt am neuen Dreifrankenstein finden Sie neben einem Parkplatz seit 2013 auch eine wunderschöne Raststation mit Ruhebänken und Infotafeln, drum herum zahlreiche abwechslungsreiche Wander- und Spazierwege.

Dreifrankenstein · südwestl. Heuchelheim (Schlüsselfeld, Oberfranken), nordwestl. Freihaslach (Burghaslach, Mittelfranken), östl. Sixtenberg (Geiselwind, Unterfranken) · www.dreifrankenstein.de

Ladestation für Walkingstöcke

ÜBER DEN WIPFELN DES STEIGERWALDS

99

Wenn der Wind durch die Eichen und Buchen streicht, wogen die Wipfel so nahe, sind Äste und Laub so greifbar. Kein Wunder: Der Baumwipfelpfad heißt nicht umsonst so: In 26 Metern Höhe führt der hölzerne Pfad durch die Steigerwälder Luft. Und an einer Stelle sogar noch deutlich höher.

Forstingenieur Jonas Duscher ist in seinem Element, wenn er Gruppen über die auf 1150 Meter Länge angelegten Stege führt. Künstlich, aber naturnah. Es geht um ein ganzheitliches Konzept: Erleben, sehen, fühlen und spielen – das sind die Komponenten. Die Betreiber wollen den Besuchern die Forstarbeit näher bringen, deren Ziel es ist, den Wald durch Schutz zu nutzen, wirtschaftlich wie als Erholungsraum. Der Baumwipfelpfad nahe Ebrach ist der einzige seiner Art in Bayern, der durch Laubwald führt; verzweigt und im Zickzackkurs. Zahlreiche Stationen erklären den Wald und seine Bewohner. Da sind verschiedene Holzarten in Bogen über den Weg gespannt, um die Unterschiede in Maserung und Härte greifbar zu machen. Oder wackelige Unterkonstruktionen simulieren die Fortbewegung in unberührter Natur. Einige dieser Stationen sind auch Bestandteil einer virtuellen Welt, die Sie mit der Wipfel-App erleben können. Kinder und Jugendliche haben einen Heidenspaß an den interaktiven Quizspielen oder fangen ein imaginäres Eichhörnchen mit dem Handy. Für kleine wie große Entdecker geht's hoch hinauf: auf den 42 Meter hohen Turm, den spektakulären Mittelpunkt des Baumwipfelpfads. Über 600 Meter windet sich der Weg (bei nur sechs Prozent Steigung auch für Rollstuhlfahrer machbar) nach oben – und dort eröffnet sich eine gigantische 360-Grad-Aussicht über den Steigerwald. Dass der Turm auf der Grenze zu Unterfranken steht, ist kein Zufall, er soll auch Bindeglied zwischen den Regierungsbezirken sein.

> In der gotischen Kirche der ehemaligen Zisterzienserabtei Ebrach symbolisiert eine prächtige, in Zinn gefasste Fensterrosette die Unendlichkeit der Schöpfung.

Baumwipfelpfad Steigerwald · April–Okt. täglich 9–18, Nov.–März Do–So 10–16 Uhr (Einlass bis 1 Std. vor Schließung) · Radstein 2 · 96157 Ebrach · www.baumwipfelpfadsteigerwald.de

100 ZUM HEIL'GEN VE[IT] VON STAFFELSTE[IN]

Der markanteste Punkt am Obermain ist der Staffelberg. Ihm hat Viktor von Scheffel im »Frankenlied« ein musikalisches Denkmal gesetzt, dessen vierte Strophe nicht nur bei Weinfesten erschallt: »Zum heil'gen Veit von Staffelstein komm ich empor gestiegen.« Viele singen, nur wenige steigen wirklich mal empor – ein Fehler.

Ganz ehrlich, die erste Wegstrecke erscheint quälend beschwerlich, und man wandelt vom Parkplatz Romansthal zunächst circa zehn Minuten steil über einen Waldweg mit Geröll voran. Wie singt es sich im »Frankenlied« doch so leicht: »Zum heil'gen Veit von Staffelstein komm ich empor gestiegen und seh' die Lande um den Main zu meinen Füßen liegen…«. Doch vor diesen Ausblick haben die Götter erst einmal den Schweiß gesetzt. Die Steigung lässt aber schnell nach, und durch ausgedehnte Weizenfelder und über abgetretene Steintreppen empor wird der Staffelberg in etwa einer halben Stunde erklommen.

Das Panorama, das sich auf dem Plateau auf 539 Metern dann aber bietet, ist wirklich spektakulär. Der Blick schweift weit über den ganzen »Gottesgarten«, wie das Obermaintal um Vierzehnheiligen, Veitsberg und Kloster Banz genannt wird, und liegt einem in der Tat zu Füßen. In der ehemaligen Eremitenklause (vom 17. Jahrhundert bis 1929 lebten hier Einsiedler und inspirierten Viktor von Scheffel zu seinem »Frankenlied«) ist heute ein kleines Ausflugslokal untergebracht, in dem die Pilger Erfrischungen oder kleine Mahlzeiten kaufen können. Und Pilger kommen etliche, weil gleich nebenan der Heiligen Adelgundis, Schutzpatronin vieler Kranker, eine Kapelle errichtet wurde. Das Kirchlein ist zwar nicht immer geöffnet, aber der Altar ist auch von außen durch Gucklöcher zu sehen. Wer auf dem Plateau weiterwandert, findet überall kleine Möglichkeiten zu rasten und die herrliche Aussicht in Ruhe zu genießen. Aber Vorsicht – auch das hat Viktor von Scheffel vorausblickend in seinem in ganz Franken bekannten Lied beschrieben: »Wer lange sitzt, muss rosten.«

Staffelberg · Aufstieg von Romansthal (ca. 30 Min.) oder Bad Staffelstein (ca. 40 Min.)
Öffnungszeiten Staffelberg-Klause s. Homepage · Tel. 09573/5437 · www.staffelberg.de

Impressum

Verantwortlich: Claudia Hohdorf
Layout: BUCHFLINK Rüdiger Wagner
Repro: LUDWIG:media
Korrektorat: Eva Ebenhoch
Umschlaggestaltung: Nina Andritzky
Kartografie: Kartographie Huber, Heike Block
Herstellung: Kathleen Baumann
Printed in Slovenia by Florjancic

★★★★★

Sind Sie mit diesem Titel zufrieden? Dann würden wir uns über Ihre Weiterempfehlung freuen. Erzählen Sie es im Freundeskreis, berichten Sie Ihrem Buchhändler, oder bewerten Sie bei Onlinekauf. Und wenn Sie Kritik, Korrekturen, Aktualisierungen haben, freuen wir uns über Ihre Nachricht an Bruckmann Verlag, Postfach 40 02 09, D-80702 München oder per E-Mail an lektorat@verlagshaus.de.

Unser komplettes Programm finden Sie unter  www.bruckmann.de

Alle Angaben dieses Werkes wurden von den Autoren sorgfältig recherchiert und auf den aktuellen Stand gebracht sowie vom Verlag geprüft. Für die Richtigkeit der Angaben kann jedoch keine Haftung übernommen werden.

In diesem Buch wird aus Gründen der besseren Lesbarkeit das generische Maskulinum verwendet. Weibliche und anderweitige Geschlechteridentitäten werden dabei ausdrücklich mitgemeint, soweit es für die Aussage erforderlich ist.

Bildnachweis: Die Bilder im Innenteil stammen von Michael Bauer, außer: Thomas Starost: S. 3 rechts, 22, 48 unten; ELG Eco Lodges GmbH: S. 50; Kletterpark Untreusee, Hof: S. 73 oben und unten; Jutta Glöckner: S. 77 unten; Automobilmuseum Fichtelberg: S. 80 oben und unten; Bayerische Schlösserverwaltung, www.schloesser.bayern.de, Foto Feuerpfeil Verlag: S. 87 oben; Bayerische Schlösserverwaltung, www.schloesser.bayern.de: S. 87 unten; Scharfrichtermuseum Pottenstein, Helmut Lautner: S. 92 oben und unten; Flößereiverein Neuses, www.floesserverein-neuses.de: S. 136/137; Obermain Therme Bad Staffelstein: S. 142; Umschlagvorderseite: stock.adobe.com/Sina Ettmer.

Die Deutsche Nationalbibliothek verzeichnet diese Publikation in der Deutschen Nationalbibliografie; detaillierte bibliografische Daten sind im Internet über http://dnb.d-nb.de abrufbar.

2. aktualisierte Auflage 2022
© 2021 Bruckmann Verlag GmbH
Infanteriestraße 11a
80797 München

ISBN 978-3-7343-2171-9

VICTOR VON SCHEFFEL

ZUM HEILGEN VEIT VON STAFFELSTEIN
KOM ICH EMPORGESTIEGEN
UND SEH DIE LANDE UM DEN MAIN
ZU MEINEN FUESSEN LIEGEN